图解10个最新亲子农庄和研学营地项目

◎ 李 涛 编著

中国农业科学技术出版社

图书在版编目（CIP）数据

图解 10 个最新亲子农庄和研学营地项目 / 李涛编著 . —北京：中国农业科学技术出版社，2019.7（2023.1重印）

ISBN 978-7-5116-4297-4

Ⅰ.①图… Ⅱ.①李… Ⅲ.①农业教育—旅游规划—项目开发—中国—图解 Ⅳ.① F592.3-64

中国版本图书馆 CIP 数据核字（2019）第 143874 号

联合出品人：
南昌金杭实业有限公司
郑州易欣游乐设备有限公司

责任编辑　陶　莲
责任校对　贾海霞

出 版 者	中国农业科学技术出版社 北京市中关村南大街 12 号　邮编：100081
电　　话	（010）82106625（编辑室）　（010）82109702（发行部） （010）82109709（读者服务部）
传　　真	（010）82106625
网　　址	http://www.castp.cn
发　　行	各地新华书店
印 刷 者	北京地大彩印有限公司
开　　本	787 mm×1 092 mm　1/16
印　　张	18.625
字　　数	363 千字
版　　次	2020 年 1 月第 1 版　2023 年 1 月第 6 次印刷
定　　价	98.00 元

版权所有·侵权必究

序　言

2018 年，中共中央国务院印发了《乡村振兴战略规划（2018—2022）》，乡村的发展被提到前所未有的高度，同时释放了巨大的市场机遇。

在市场机遇和国家政策的双重驱动下，很多有远见的"先驱"纷纷投身农业，但是大多成了"先烈"。失败的原因很多，有的是因为不熟悉农业，对不熟悉的产业往往又盲目乐观，轻易冒进；有的则是不熟悉政策，触了用地红线被拆除等。总之，成功者都是相似的，失败者却各有各的不幸。

回过头来总结一下，那些单纯做农业生产的难以生存，而在农业基础上融合教育、旅游、游乐等元素的项目更容易存活下来。这些项目大概分三类：休闲农业和乡村旅游类（农业+旅游）、亲子农庄和研学营地类（农业+教育）、农乐园和户外儿童乐园类（农业+游乐）。这三类项目有一个共同特点——立足乡村、服务市民。

可是，面对蛋糕，究竟该如何下嘴？沃尔玛创始人山姆·沃尔顿说过："我做的事多半都是模仿别人。"而泰康人寿的创始人陈东升也持有类似的观点，他在创立泰康人寿时提出："左眼看平安，右眼看友邦，两眼看世界"。面对一个陌生的领域，我们要做的不是花自己的钱买教训，而是学习别人的经验来武装自己，那些经过市场检验存活下来的项目，必然是做对了些什么，这也是本书的主要内容，掌握了这些就拥有了一个较高的起点，超过 80% 的新手，更容易走到最后。

工作的原因，在过去几年实地考察了国内很多优秀的项目，也有幸和他们的创始人/操盘手有过深度交流，中间很多有价值的信息，我觉得有必要写下来，传递给更多人。所以，与其说我是作者，不如说是 30 位成功庄主的书童，我不生产干货，只做干货的搬运工。

本书是系列丛书第二本，收集了全国 10 个"亲子农庄和研学营地"类的项目，这类项目是融合了农业、教育、旅游三种元素的新业态，它为学校、幼儿园、教育机构、亲子家庭等客群提供了一个开展自然教育、学农教育、研学旅行、学生综合实践的天然场所，农场不再是种菜养猪的地方，还可以承担教书育人的功能。

说一下本套系列丛书的特点：**第一个特点是"多图"**，包括实景图、航拍图、卫星图等共计 1 700 张图片，绝大部分是在考察期间实地拍摄的，希望通过这种呈现形式让读者能够更加真实、客观地了解这些项目，也为您自己项目的落地提供一定的参考价值；**第二个特点是"干货"**，虽然文字部分不多，但每段文字提炼的都是干货，因为这些信息都是和项目操盘手深度交流过后梳理出来的，具备一手信息和实用性；**第三个特点是"项目类型齐全"**，这套书共梳理了三大类共 30 个成功项目，其中，10 个休闲农业和乡村旅游项目，10 个亲子农庄和研学营地项目，10 个农乐园项目，基本涵盖了乡村振兴过程中可能用到的所有项目，所以，适合休闲农业和乡村旅游从业者、寻求突破的有机农业从业者、景区 / 营地 / 民宿等从业者、田园综合体和特色小镇从业者、规划院和设计院的同志，以及致力于乡村振兴的各级政府。

希望以此帮助行业成长，为乡村振兴出一份力。

本书作者：李涛

2019 年 3 月 25 日

CONTENTS
目 录

[苹果主题公园] /1
一、项目图解 /3
二、你会成为第二个苹果主题公园吗？/12
三、渠道解析 /15

[小蚂蚁儿童农庄] /16
一、项目图解 /18
二、主要客户群及对应产品 /40
三、模式及要点解析 /41

[苹果树下儿童见学农乐园] /44
一、项目图解 /46
二、活动/课程 /63
三、你会是第二个苹果树下吗？/67

[幸福时光亲子户外营地] /70
一、项目图解 /71
二、要不要做这个项目？/87
三、幸福时光应该做成什么样？/91

[吾舍农场] /98
一、项目图解 /100
二、软件（课程/活动）/124
三、主要客户群及对应产品 /128
四、总结 /130

CONTENTS

目　录

［乐田家庭农场］/ 131
　　一、项目图解 / 133
　二、主要客户群及对应产品 / 143
　三、模式解读及要点分析 / 146

［小顽国亲子农庄］/ 148
　　一、项目图解 / 150
　二、小顽国是怎样炼成的？/ 167
　　三、总结 / 185

［弗雷德森林学校］/ 186
　　一、项目图解 / 187
　二、主要客户群及对应产品 / 200
　　三、总结 / 209

［沙澧春天生态园景区］/ 211
　　一、项目图解 / 213
　二、主要客户群及对应产品 / 240
　　三、总结 / 256

［水云山谷］/ 258
　　一、项目图解 / 260
　二、主要客户群及对应产品 / 280
　　三、总结 / 290

［后记］/ 292

苹果主题公园

700亩地,年接待10万人,一个"农业+研学教育"的典型项目

园区航拍图

园区平面示意图

苹果主题公园建于 2007 年，这是一个 700 亩（1 亩 ≈ 667 平方米，全书同）大的苹果园，建设之初是希望它能成为集品种储备、观光采摘、专家示范、设施栽培、展览展示、良种繁育六大功能于一体的苹果主题公园。想象很丰满，可惜现实很骨感。

前三年还好，苹果树还在长，没苹果的时候还有个盼头，可是苹果量产之后傻眼了，几十万千克苹果一时卖不出去，甚至喂猪，而且这种恐怖场景一直持续了好几年。

这让庄主倒吸一口冷气，得想想办法，于是，为了改变农产品被动销售，增加园区盈利点，2016 年开始，园区和于青宏老师达成合作，成立运营公司，共同运营这个十年不盈利的园区。

要说这结果嘛，当然是好结果了，2016 年园区把中小学客源引入园区，通过承接中小学社会实践活动。不仅每年接待 10 万中小学生，产生了新的收入，结果苹果还卖得特别好，达到一箭双雕的作用。这就是昌平苹果主题公园的大逆转。

那这样一个"农业 + 教育"的项目转型之后究竟长什么样？能否在全国其他地方复制？市场机会在哪里？这是本案例重点解读的内容。

先来看看这项目究竟长什么样，看看这教育农园比单纯的农园究竟多了些什么？也为后边的解读打个基础。

一、项目图解

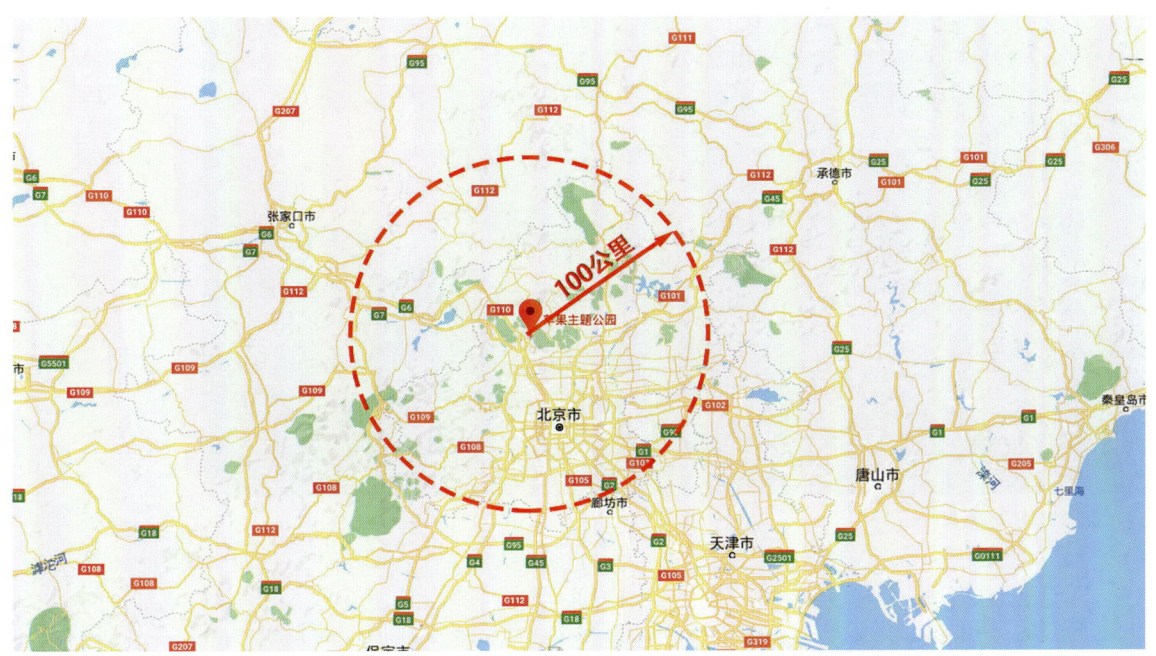

项目区位

苹果主题公园就在北京市的昌平区,由于气候因素,这里的苹果口感较好,所以这里聚集了很多苹果园,往外延伸出了苹果采摘园、农家乐等业态。

苹果主题公园的具体地址是:北京市昌平区十三陵镇水库北路 2 号。想去看看的朋友可以直接导航"昌平苹果主题公园"。对于这种"教育农园",核心能力在"教育"上,而不在硬件上的公园不建议大家去。所以之前也有学员去考察,完了说也不咋的呀——**看不到的才是核心竞争力。**

苹果主题公园的客源主要是"中小学生"。北京有 984 所小学和 341 所中学(中国统计年鉴,2017),合计在校学生 113 万人。按照北京教委最新政策,中学生要完成社会实践活动,每次 1 分,总计 50 分纳入相关科目中考原始成绩。小学生也基本要求每月出去一次。这样算,北京每年有 1 130 万人次的中小学社会实践活动的出行需求。按人均 100 元算,最少十亿的市场空间。而苹果主题公园只是占到了 1% 的市场份额。

停车场（道路）位置

园区规划之初并不是按照"休闲农庄"来做，所以，并没有留下合适的停车场。好在有了进门处的这条大（停）马（车）路（场），长200米，宽5米。而且，这种性质的活动多以团队为主，都是坐大巴车来的，并不需要像面对散客那样需要非常大的停车场。

停车场实景

园区每天最多接待1 000人，大概20辆54座大巴车，停车的问题并没有太限制园区接待。

室内活动体验区位置

室内活动体验区航拍图

室内活动体验区之多肉种植体验

室内活动体验区之空气凤梨

苹果派 DIY

　　这个长 100 米，宽 50 米，面积达 5 000 平方米的建筑叫"青少年创客中心"，现在被用作是教育活动的场地。例如，多肉植物的移栽、苹果派 DIY、磨豆浆等。**这也是所有做体验活动、亲子活动、中小学课外实践活动的必备的和最主要的模块。**

　　每次学生来了之后会被分成不同的小组，轮流在这里开展社会实践活动。

草坪活动区位置

草坪活动区航拍图

草坪活动现场

　　这个占地 8 000 平方米的草坪，是作为学生的户外运动场地的。**这个板块和室内活动体验场地一样重要，是亲子活动、中小学社会实践、自然教育课程等的必备板块。**

　　但是，这个草坪的户外活动距离室内活动体验区接近 1 公里（1 公里 =1 千米，全书同），这对于孩子来说太长了，活动组织的难度也会加大。**所以，大家在做休闲农业规划时，一定要注意打造核心区，不管是几百亩、几千亩、还是几万亩，一定要选核心区重点打造。**

无动力乐园位置

苹果主题公园

跷跷板

滑梯

秋千

这个占地 5 000 平方米的无动力乐园给了孩子出汗的机会，**由一些草坪＋无动力设备组成。**

这给了带队老师休息的机会，几乎是所有农旅项目的标配，硬件可以代替部分课程，部分释放对人工的依赖，欢乐谷、迪士尼等都是硬件的极致体现。

旋转秋千

农事体验之拔花生

农事体验区

农事体验是整个项目成功的关键板块。为了配合活动，园区有自己的农事体验区，为了配合3—11月的活动，分别选择不同的品类种植。例如，3—11月全年可做植物标本园的观察；4—5月可种植大概10亩的甘薯、10亩的花生；其他的还有胡萝卜、毛豆、苜蓿、大麦等。**以农地为场地，以农产品为道具开展学农教育。**

小　结

以上就是教育农园的全部硬件了，其他地方就是苹果园了。是不是觉得特别简单？没错，就硬件来看确实没有过多投入。不过，**最核心的竞争力不是硬件，而是软件，是围绕目标客户的课程开发和执行团队的高质量落地。这就是所谓的"轻资产、重运营"。**

二、你会成为第二个苹果主题公园吗？

苹果主题公园的核心有四点：政策、市场、用地性质和农产品质量。我们可以分别对照自己的项目。

1. 政策到没到

从苹果主题公园的客户群来看，接待的最多是中小学生，以小学生为主。

大家都知道，中小学处于义务教育阶段，这学校 10 个得有九个半是公办学校，也就是体制内的，这校长、副校长、教导主任，再往上教育局这都属于公职人员。

你说要接大量学生到户外去，得先看看他们同意不同意，因为这不出事则已，忙活一年，皆大欢喜；可是一旦出了事，那这些个相关人员乌纱帽不分分钟被摘吗？所以，在很多地方，别说让学校收家长钱出来活动了，就是您倒给他钱，他都不敢放学生出去，毕竟把脑袋别裤腰带上不如放脖子上安全不是？

那苹果主题公园怎么就能接到客户呢？政策到位了。

不仅如此，在北京，政策直接来个"强制执行"，必须出去。这什么情况呢，原来这北京市，已经率先开展中小学综合实践活动，现在中小学每年有 10 次外出活动，直接教委出钱，特别是中学，还把相关实践活动纳入中考成绩中，不去就是没完成任务。

哎哟我的妈呀，这学生每个月都出去一次，简直比咱们那会幸福多了；家长不用花钱还能让孩子多长见识，那自然双手赞成；学校再害怕有风险，也不得乖乖组织吗？

而农场又是学农教育的好场地，可不一下就有机会了吗？

那和我们有什么关系？我们当地会有这政策吗？您别着急，这下边就是我要说的：国家政策已然确定，地方政策逐渐落实。

国家政策，大家可以看一下这两个文件：

2016 年颁布的《教育部等 11 部门关于推进中小学生研学旅行的意见》

2017 年颁布的《中小学综合实践活动课程指导纲要》

您可以百度搜一下，或者关注公众号：农未来，回复关键词：研学政策，就可以看到了。

那，这是国家政策，地方现在是什么情况呢？还真是不太一样，刚才说的北京，那是完全走在前边，不仅鼓励，而且是政府直接出钱；那有的地方，教委出一部分钱，家长出一部分钱；有的地方，教委不禁止外出但是不出钱，但学校并不直接组织；有的地方，还是不允许外出。

苹果主题公园拿到的牌子

小　结

这件事和大家早晚有关系，只是时间问题；如果您想知道当地对这件事的态度，不妨去教育局去问问情况。这事宜早不宜晚，想要接这个客户群就得有牌子，这牌子是早申请容易，晚申请难。

2. 市场规模

这第二个条件就是当地市场规模够不够？因为这个直接影响你的投资体量。

我以北京为例来说明：

北京有984所小学和341所中学（中国统计年鉴2017年），合计在校学生1 113万人。

按照北京教委最新政策，中学生要完成社会实践活动，每次1分，总计50分纳入相关科目中考原始成绩。小学生也基本要求每月出去一次。这样算，北京每年有1 130万人次的中小学社会实践活动的出行需求。按人均100元算，最少十亿的市场空间。而这些活动不可能都到农场去做，苹果主题公园只是占到了1%的市场份额。

大家也可以按照同样的办法去查一下，算一算这个市场机会有多大，值得花多大精力和时间去搞。别人3 000万元搞一项目，您也花3 000万元搞一个；别人在北京，一年有30万人去；

您在一个县城，全县人口总共才 30 万；投资过高，可能掉进了另一个大坑。

根据教育部的统计，全国中小学在校人数 1.38 亿，按照每人每年出行 10 次计算，每人成本 100 元。这是一个千亿级的市场。**在政策的推动下，教育改革将释放出巨大的市场机会。**

学校的出行特点给了休闲农业非常大的机会。学校一般会选择在周一到周五外出。而休闲农业一般是周六、周日生意爆满，周一到周五没人，结果周末挣的钱都花在了周中的运营费用上。**学校这个客户的引入，教育产品的开发和落地可以把休闲农庄的闲置资源充分利用，也给休闲农业带来巨大的商业机会。**

3. 土地性质

这第三个条件是土地性质。我们以前不是农场吗？现在不是要做教育农园吗？那您得增加室内活动板块、室外活动场地吧？

可是，这种地的时候没人管，现在一旦做起硬化，就八成有人请你喝茶了。

就在今年，苹果主题公园的无动力游乐板块和室内活动板块已经被拆了。大棚的框架没拆，但是里面的地面已经拆了。

所以大家在转型之前，先去国土局查查自己这块地属于什么性质，把想做的事和政府沟通沟通，省得前脚建完，后脚拆。

建之前多沟通，多备案，多报备，少坏处。

4. 农产品质量

这第四个条件是农产品质量要好。上边有提到，苹果主题公园把 10 万人引入农庄，不仅在活动方面有了收入，还带动了苹果的销售，实现双赢。

那您要是也有那资源，把 10 万人引入农庄，就一定能带动农产品的销售了吗？还真不一定。

苹果主题公园的苹果好吃，那是因为它在北京的山区，都知道平谷的大桃，昌平的苹果，大兴的西瓜，这些都是有代表性的，人家那苹果确实是好吃。

之前不好卖，一是因为量大，二是因为价格高又没人愿意尝试。经过这一尝吧，那还确实是好吃，出现了很多回头客。甚至有人到了季节，直接开车一小时就为摘苹果。

所以，如果想要通过这种方式，三产带动一产，前提是你农产品质量过硬。反过来，别人好不容易过来一趟，发现，嗯，这苹果确实难吃，再也不买了。费了半天劲，只是把自己产品不行这事提前告诉了大家。

所以，产品好才是硬道理，如果产品不好，营销手段再到位，也只有收割一次，没啥意义。

如果您当地的政策到了，市场规模也够，土地性质允许，农产品质量有信心，那就去试试吧。

三、渠道解析

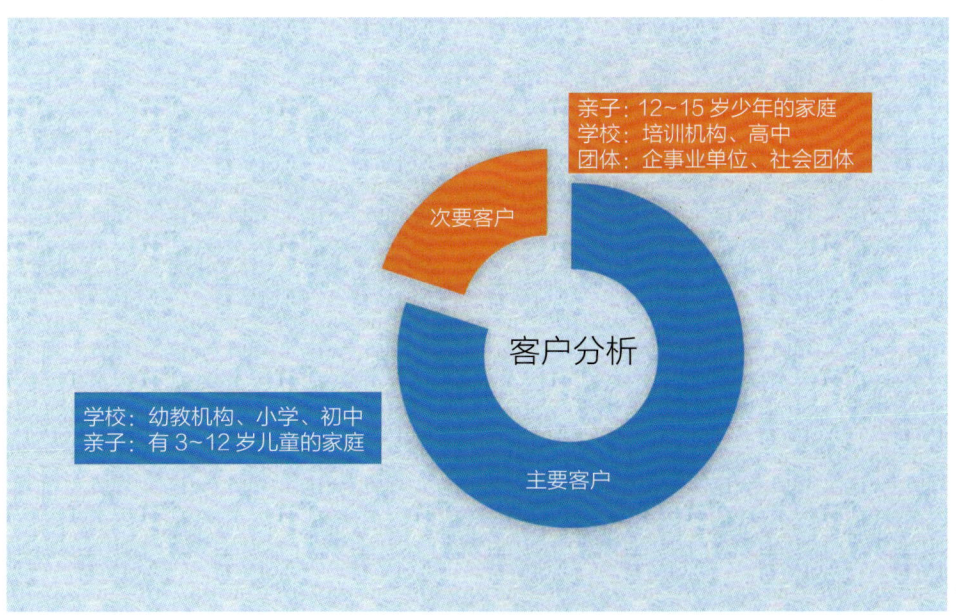

客户分布图

如果你到了苹果主题公园，直接开车进去了都不奇怪，因为这里并没有收门票；抑或你特意选了一个周末去到那里，发现没什么人，看似一片萧条。**那是因为于总这边只做团队客户，不接散客。**

于总说，这里的主要客户是：3~12岁的儿童亲子家庭、幼教机构、小学、初中。学校出行的规律是周一到周五，所以，在周末或其他没有接待团队的时候，园区感觉空空的。

小蚂蚁儿童农庄

小农庄，大流水，一个景区里的园中园

园区标志牌

项目平面示意图

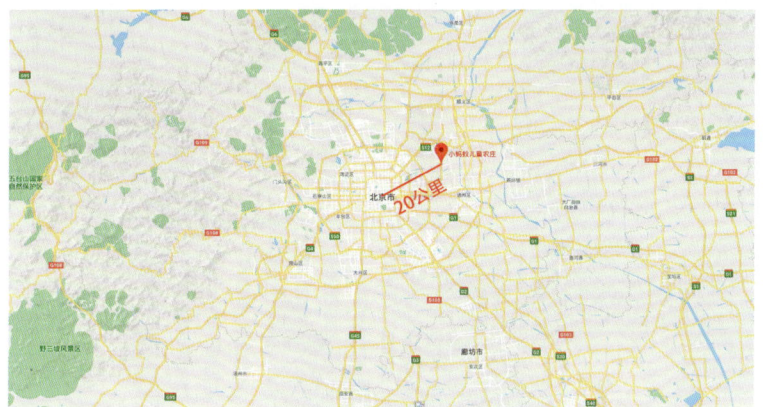

项目区位图

小蚂蚁儿童农庄是"小项目,大流水"的代表。

有多小呢?38亩,和那些动不动就是几百亩,上千亩的大地主相比,那小太多了,恨不得都没有东北一户人家的地多。

收入可以到多少呢?据小蚂蚁的孙振伟说,运营数据最好的一个月差不多可以到100万元。当然,不是每个月都能冲到100万元营业额,我们当时去拜访孙庄主的时候是在5月,这里100万元是指4月,也是最旺的月份的经营数据。

农庄全名就是"小蚂蚁儿童农庄",距离北京市中心(天安门)的直线距离约20公里。具体地址是"北京市朝阳区金盏乡楼梓庄蓝调庄园内",没错,小蚂蚁儿童农庄是一个"园中园",大园是蓝调庄园——一个占地1 200亩的薰衣草庄园。

38亩的小小农庄能做到如此大的流水,让整个行业羡慕。不过,和孙振伟庄主聊过之后发现这还是有些难度的,**他对于客户需求的理解和对产品的认真程度值得所有人学习,在此基础上开发的"团散结合"的产品组合方式也更是值得业界学习。**

一、项目图解

园区入口

农庄成立于 2010 年。市场主要面向北京，特别是朝阳区，服务于 3~12 岁的亲子家庭，以接待学校、旅行社、户外运动俱乐部等为主，寒暑假也接待一些国内和国际的营地团队，也接待散客。

主要这 9 个板块：餐饮区、停车场、游乐区、小动物区、室内体验区、舞台表演区、多功能厅、室内手工活动区、室外体验区等板块。

室内体验区内部

室内体验区之磨豆浆

室内体验区之钓龙虾

室内体验区之烘焙板块

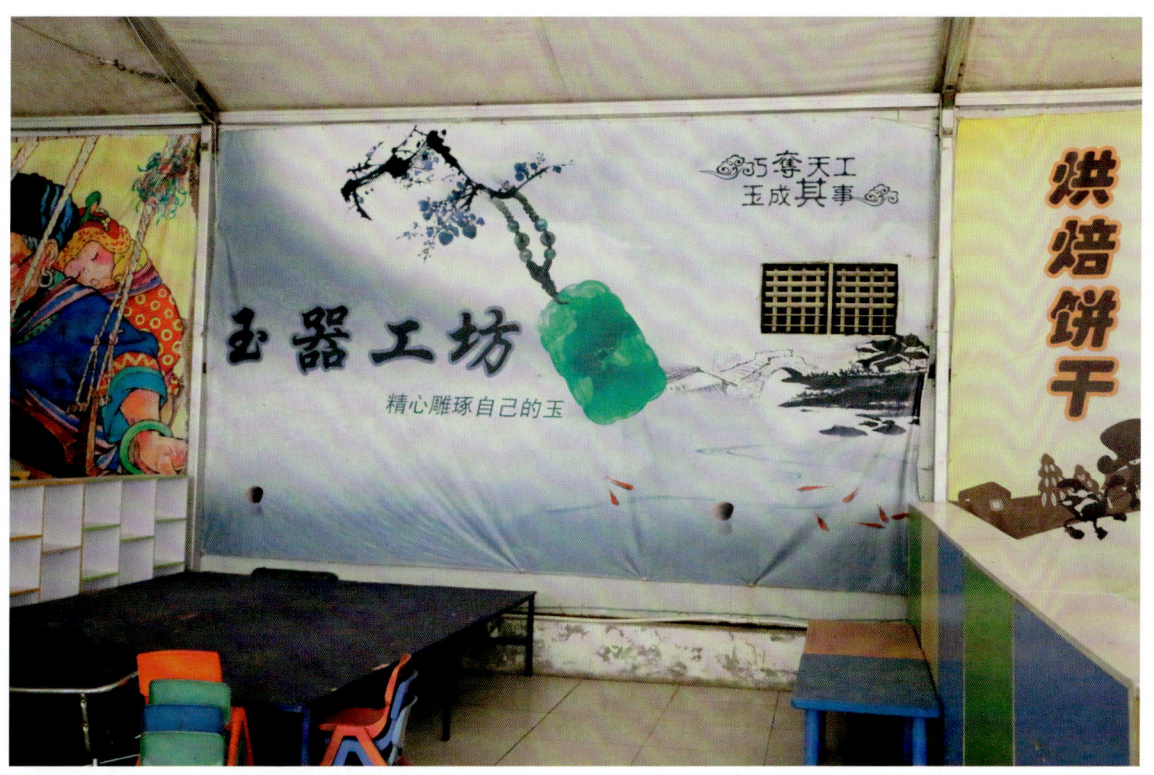

室内体验区之玉器工坊

室内体验区之织布板块

室内体验区约400平方米，分为磨豆浆体验区、烘焙区、玉器工坊、纺织工坊、钓龙虾体验区等，每个体验区有不同的体验项目。

室内手工活动区
面积：
200平方米
材质：
彩钢房
入口

室内手工区位置

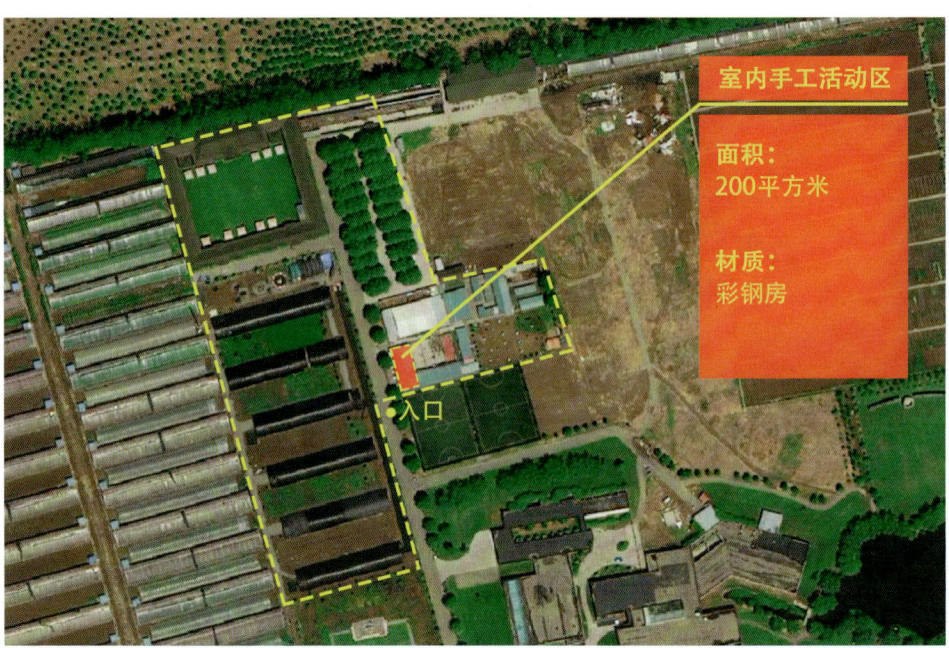

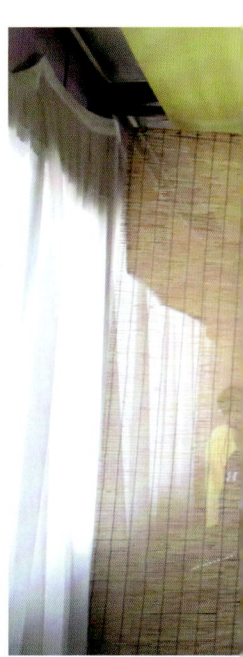

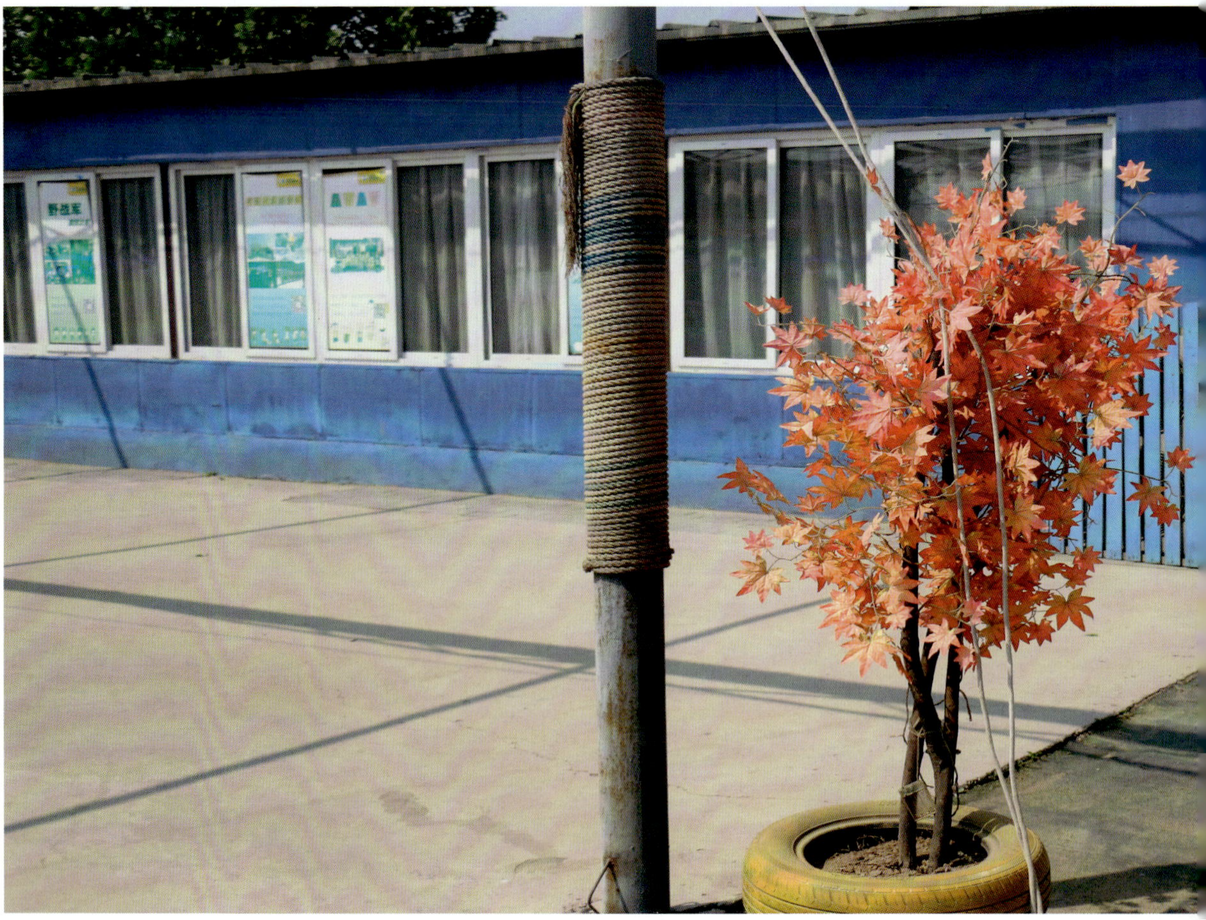

室内手工区建筑外观

室内手工区内部实景

面食 DIY

制作音乐盒

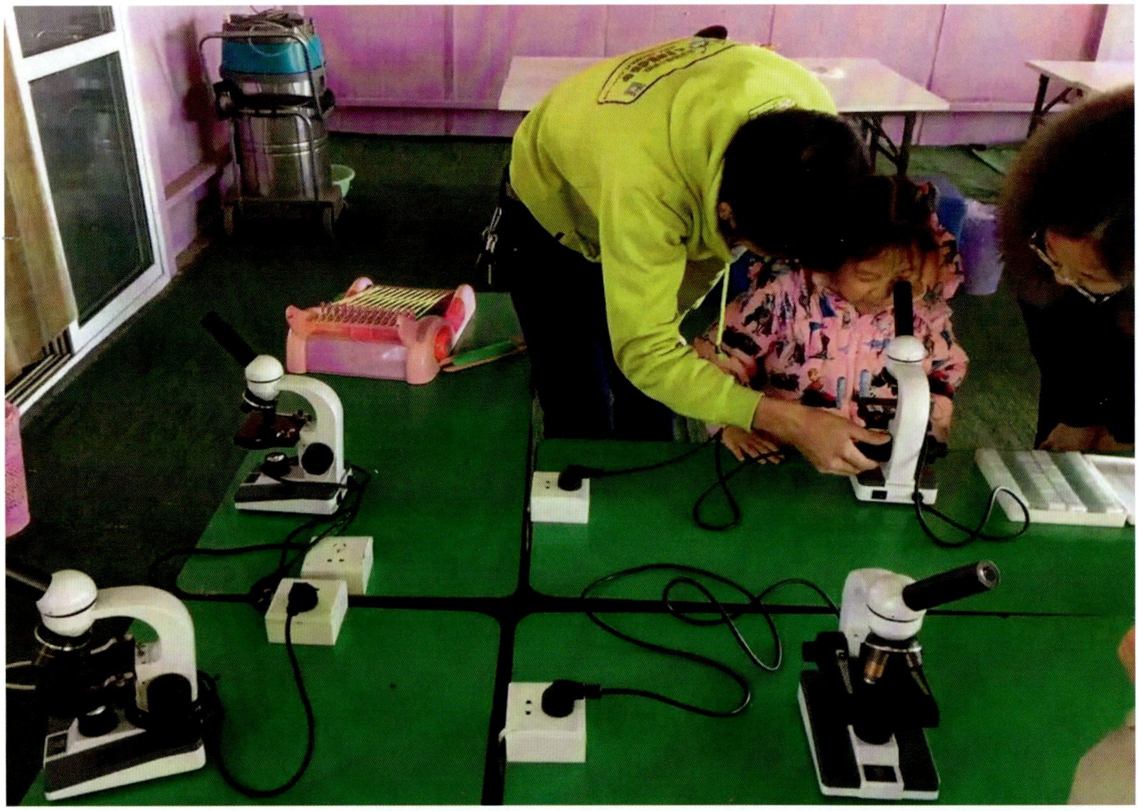

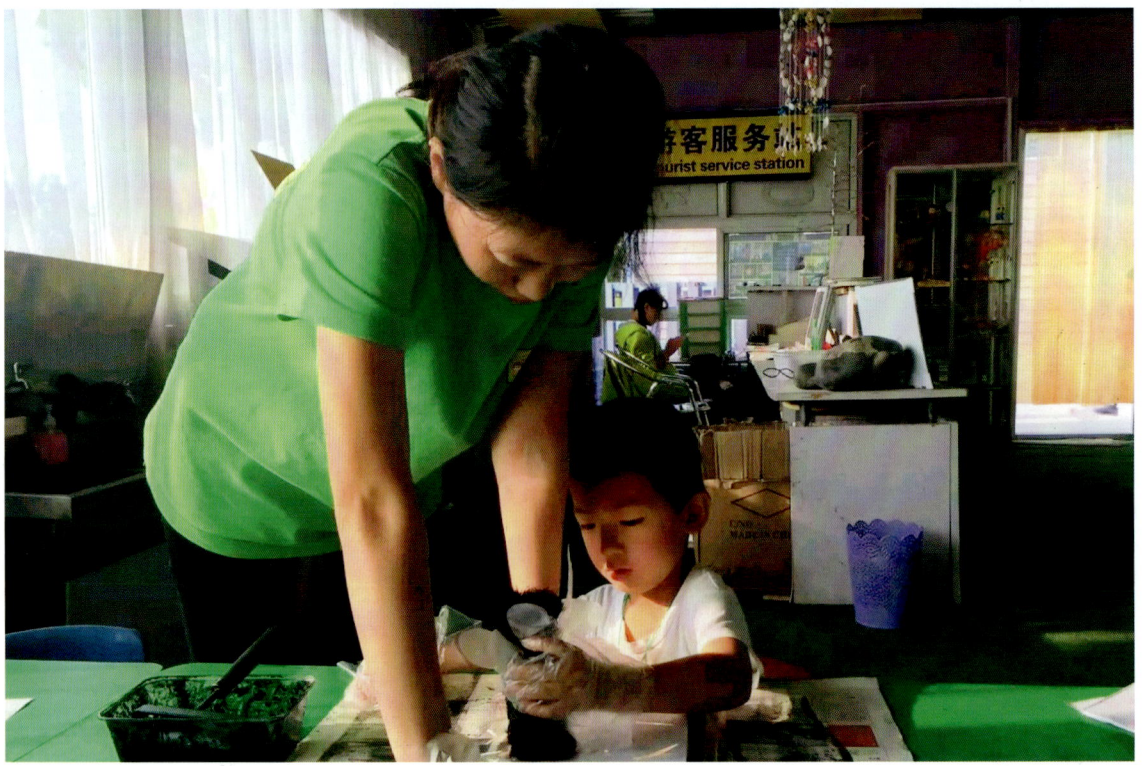

显微镜观察

活字印刷术

纺织体验

扎染体验

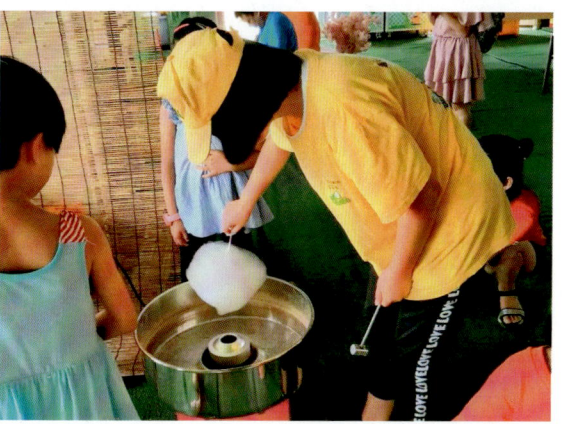

体验制作棉花糖

手工体验区占地面积约 200 平方米，也有很多体验项目，包括制作棉花糖、扎染T恤、画脸谱、活字印刷术、稻草人制作、鱼皮工艺、玉石加工、烙画葫芦、制作音乐盒、显微镜观察等。

小动物园位置

松鼠

梅花鹿

鸭

羊

小动物区占地面积约400平方米,里面养了一些不常见的小动物,可供小朋友观赏和喂食。

在松鼠前边,我当时没拿坚果,就从笼子旁边捡了点瓜子皮逗它,旁边一小姑娘很认真地告诉我,叔叔,我们不能骗它,我竟无言以对,觉得她说的好有道理。所以,这是一个供小朋友和小动物之间互动的场所。

鹅

孔雀

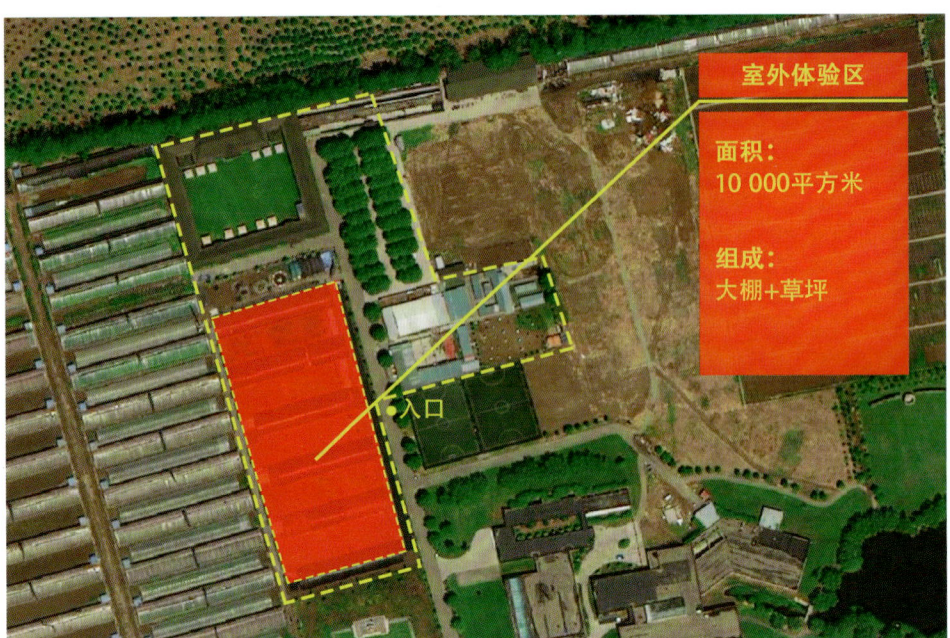

室外体验区位置

室外体验区外观实景

恐龙博物馆

淘紫水晶

雷区寻宝

室外体验区占地面积约 10 000 平方米，是由 6 个蔬菜大棚改造而成，每个大棚改造成一个体验项目，有开蚌取珠、淘紫水晶、雷区寻宝、恐龙博物馆等。

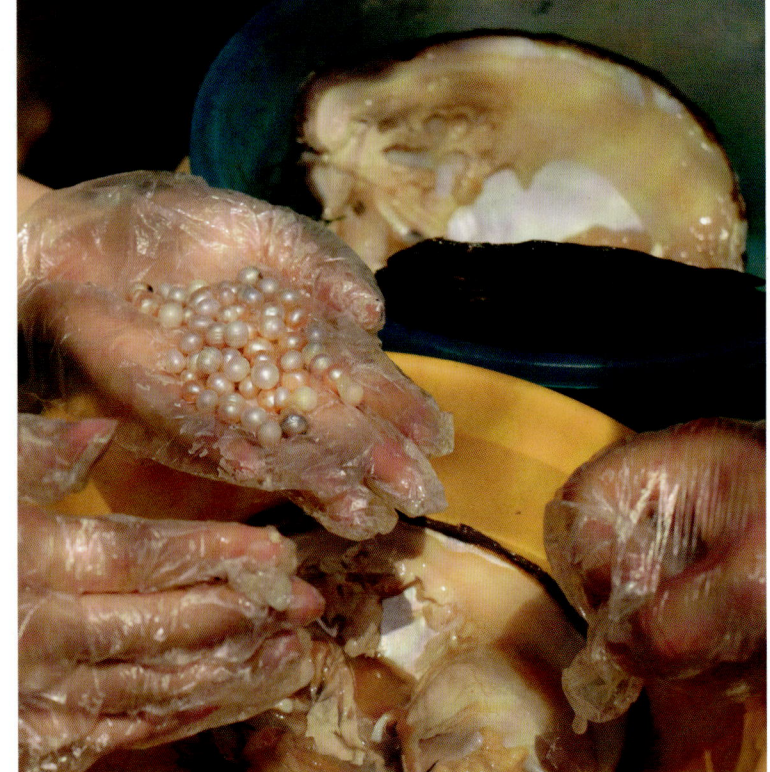

开蚌取珠

秋千

攀爬设施

蹦床

攀爬网

大棚中间种植了一些草坪,放置了一些游乐设备。

餐饮板块位置

餐饮板块外观实景

草坪户外就餐区

　　餐饮板块占地面积 4 600 平方米，提供自助餐 38 元 /68 元两个餐标，还有零点区、大排档区、烤全羊套餐、桌餐。**餐厅是大园的资产，只是交由小蚂蚁来运营。**

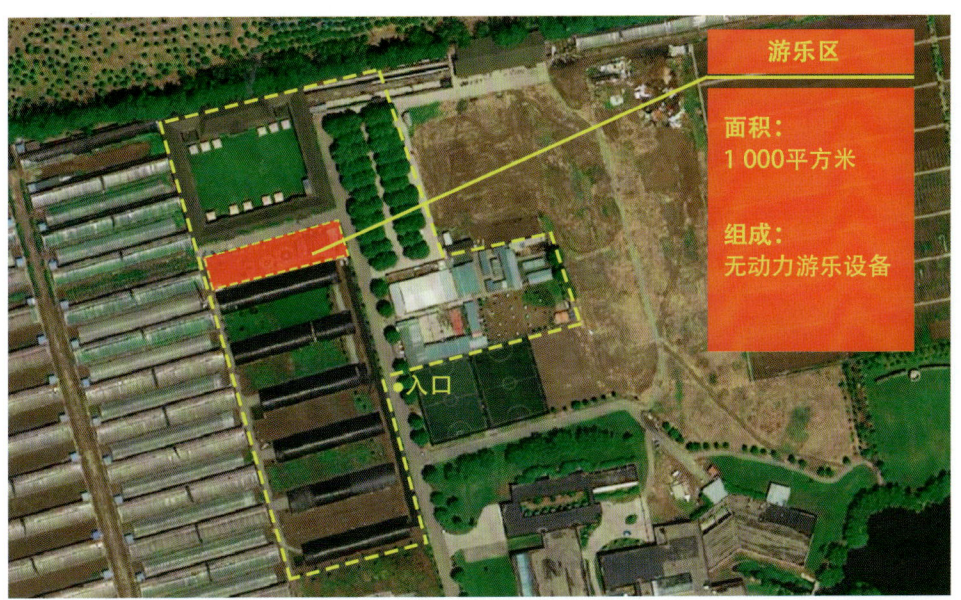

游乐区位置

迷你沙坑

迷你捞鱼池

游乐区占地面积约1 000平方米,都是一些比较常见的游乐设备。

多功能厅位置

多功能厅内部实景

　　多功能厅占地面积约180平方米,也是一般的彩钢瓦材质。主要用于培训、会议等功能。

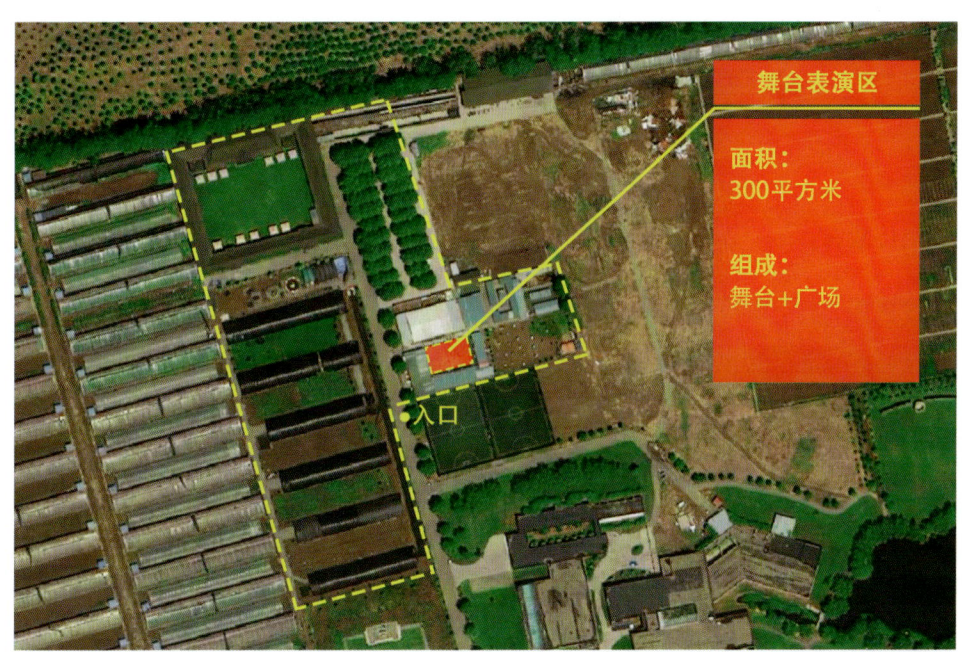

舞台表演区

面积：
300平方米

组成：
舞台+广场

入口

表演区位置

表演区实景

舞台

舞台表演区占地约300平方米。

以上9个主要板块构成了小蚂蚁儿童农庄的硬件部分，总结体的感觉是并不豪华，但是功能性都满足了，可以说是"实用型"的。

二、主要客户群及对应产品

1. 散客

园区游玩项目介绍

对于散客,普通体验项目:50 元 / 项;精品体验项目:80 元 / 项;三项体验票 150 元 / 张;五项体验票:220 元 / 张;套票(一大一小):280 元,项目包括探宝乐园四项 + 任选手工两项 + 喂养小动物,增加一个大人增加 35 元门票。

因为它有清晰的收费标准和模块化的项目设置,这让小蚂蚁儿童农场可以轻松的接待散客。

本身大园会有一部分流量会转化成小园的客户,他们还和其他 OTA 平台合作,例如大众点评、携程、美团网、百度糯米、驴妈妈旅游网、拉手网。另外,还和联票商"亲子年票"合作。

2. 团客

同样的设施也服务于团客,例如,幼儿园、北京银行、安踏体育等,农庄最大接待量是 1 200 人 / 天。

只是在接待团客上和接待散客上有比较大的区别，例如，接待团客时，活动有一个**总调度**，负责整个活动的运作和工作人员调配，指挥并保障活动顺利安全的实施；**有活动领队**，负责活动流程的实施和组织，控制活动现场的秩序和安全；**活动协助人员**，负责各个区域的活动，物品准备，协助领队组织活动；**另外还有后勤保洁、医疗救护、音响师、接待咨询、活动策划开发等。**

3. 学校客户

学校也是属于团客，但是还是要单独列出来，因为这属于体制内的"中小学社会实践大课堂"，和前边讲到的苹果主题公园接的是一个客户群，只是它在朝阳，而苹果主题公园在昌平。

小蚂蚁儿童农庄在 2012 年就成为北京市朝阳区的中小学社会实践大课堂的资源单位之一。

三、模式及要点解析

1. 团散结合

小蚂蚁采用了"团队、散客结合"的市场策略。什么意思呢，团散结合就是团队、散客都接。听上去是不是特别简单呀？

对于大多数庄主来说，我们很容易把自己定位于接待散客的农庄，有一句烂大街的话叫："满足一家人的需求，让大人有的玩，小孩有的玩，老人有的玩，最后走的时候还带点特产"。乍一听没毛病，实际把庄主们带入到一个误区"你的园子是为接待散客家庭而做的"。这很容易忽略了市场上的团队客户。**可是这个群体又很大，这里给大家一个数据，3~6 岁幼儿园在校学生约占到总人口的 3%，小学约占到 6%，初中约占 3%，他们都有外出的需求。还有保险公司做客养，公司的拓展需求，银行给大客户的福利，4S 店，保险公司等，他们都有相应的需求。实在是一个不容忽视的大市场。**

如果你已经开始重视团队客户，想往散客、团客结合上面发展，那你一定好奇，为什么 1+1>2 也就是相互促进？

一句话：团客里面有散客，散客里面出团客。举个例子，小蚂蚁儿童农庄接待了实验二小的 800 个孩子的团，结果周末的时候有 80~100 个孩子又带着爸爸妈妈，甚至爷爷奶奶过来，因为突然知道有这么个好玩的地方，他没玩够，第一次虽然是被学校组织过来的，以后有无限次的可能性再过来，这是团队里面出散客。

再举一个散客里面出团客的例子，有一次，一个北京福利院的老师带着自己的孩子来这里玩，结果，六一的时候带着全福利院的孩子到这里做活动。

每个来农庄的散客，他的社会角色是各种各样的，说不定他背后有什么资源。团客做起来了，散客就起来了，散客多了，可能带来很多的团客，只有"团散结合"才能迅速引爆市场。

2. 核心区

这第二个要点是"核心区"，什么叫农庄的核心区？**就是园区花重金打造的，游客主要使用的区域。**

像前边讲到的吾舍农场，它总面积265亩，但是核心区只有不到40亩，仍然可以每年接待10万人。

像欢乐松鼠谷，项目总面积600亩，但是核心区就是400平方米的餐厅，8间民宿和7 000平方米的游乐园。

为什么要讲这个概念呢，咱们很多老板一开始都过于轻视休闲农业了，想着农业，基础的行业，那还不简单，搞就搞出点动静，搞就搞出规模，几百亩的那都不好意思说，几千亩的算正常，上万亩的那才叫合适我的产业。想着想着，梦里都笑醒好几回，结果呢，项目一开始运营就傻眼了。

地租花钱，修路花钱，围墙花钱，挖沟花钱，通电花钱，而且没有一样不超过你预算的。想着就投个2 000万，结果2 000万才把基础设施搞好，一个项目还没上呢。而且，庄主们普遍有一个执念，这建不好吧，还不好意思开园。

其实，打造农庄特别花钱，想要点品质的农庄，怎么也得按照每亩地5万~6万元的花，你租2 000亩地是想花1个亿来打造农庄吗？

那怎样才是正确的投资策略呢？项目无论大小，划出核心区，整体规划、分期开发。

为什么一定要有核心区，最重要的是"省"，200亩地，没有1 000万别想出彩，可是咱拿出其中50亩当核心区，按6万/亩算的话，也就300万，不仅可以省投资，而且建起来同样可以很漂亮，同时不耽误跑出上千万元的营业额来，吾舍农场、三生万物农场、金稼园、包括小蚂蚁儿童农庄不都是这样吗？

其次，核心区可以减少运营压力，客户是需要慢慢积累的，你可以通过核心区先运营起来，适应这个节奏，很容易从小做到大，小的时候也不用着急，毕竟投入较少，营收压力小。反之，如果200亩同时上，投个800万/1 000万的那太正常了，那时就要求你开足马力接客，不能说满负荷，达到80分总是要有的吧，可是对于一个刚开业，种子客户少，运营团队处于磨合期，老客户又没那么多，那绝对能把你逼疯。所以，集中火力，才能用最少的炮弹打出动静。

假如50亩核心区真心不够你用，那二期的扩建我相信你投起来心里也更有底，运营起来也更轻松，因为那时你团队也成熟了，老客户也多了。

3. 土地指标决定投资策略

告诉大家，这次小蚂蚁儿童农庄的解读绝对是绝版了，因为现在去了已经看不见了。

我准备这个案例的时候，农庄还在，出版之前已经拆了，理由是不符合国家用地政策。

所以，没指标之前，你建的所有的建筑都是违规建筑，但是有的为了经营的需要，又必须得有，所以有庄主就直接建了，不出事就没事，但是出了事就是大事，拆了还没补偿，因为你是农地上建的，本身就不受保护。

所以，没拿到土地指标的时候，大家要轻资产，重运营。少花点钱，把功能做出来就行了，通过软性的服务做好，让客户满意。因为没有土地指标，你只能靠经营回本，就不能任性花钱。

一旦拿到建筑用地指标了，那就不一样了，你投的钱可能转化成资产，资产还可能拿到银行抵出钱来，或者钱赚差不多了，想退出的时候可以卖出去了。这时候，可以适当提高投资，一来没有政策风险，二来这本身是你比别人高的门槛。总结下来，没有指标之前，轻资产重运营；有指标之后，可以考虑多投入。

所以，做任何农业项目之前，先阅读关于用地的政策，你需要了解这四个文件：《国土部127号文件》《土地承包经营权流转管理办法》《土地管理法》《基本农田保护法》，可以百度一下，也可以用微信扫描旁边的二维码，关注公众号：农未来，直接回复：用地政策，就可以看到了。

苹果树下儿童见学农乐园

85万元改造,单月最多接待1.5万人,一个从传统果园转型的亲子农庄

航拍图

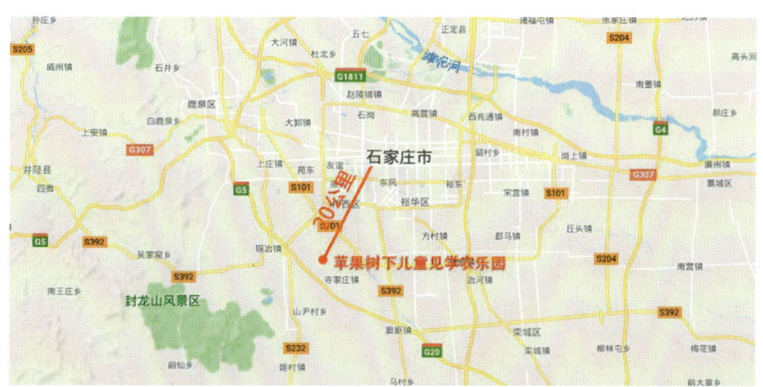

项目区位图

项目平面图

  这是一个由苹果园改建而成的亲子农庄，前身是一个连年亏损的传统苹果园，转型后的苹果树下重新换发生机。每个月最多可以接待 1.5 万亲子游客，客单价 80~90 元。**这个项目的成功为中国很多采摘园、生产型农场的盈利提供了另一个思路和可能性。**

  那你可以猜一下，园区的改造花了多少钱？85 万元，没看错，是 85 万元，没去苹果树下之前，我也很难想象 180 亩的传统果园只花了这么少的钱，就完成了自己的升级转型，但它的确做到了。

  苹果树下的全称是"苹果树下儿童见学农乐园"，位于河北省石家庄市，石家庄市有 490 万的市区常住人口（石家庄统计局，2017 年），石家庄在省会城市中整体偏弱，2017 年刚从三线城市划入二线城市。

  苹果树下的成功归功于对客户的重新选择和围绕新客户进行的产品打造，具体表现在园区各硬件板块的改造升级和盈利点的重新规划。

  在一个很有代表性的城市，打造了一个很有代表性的项目，苹果树下值得学习。本文将从硬件、软件两个方面分别展开解读。硬件方面：室内空间（布沃堡、手工教室等），户外空间（草坪、兔窝镇等），基础服务（餐厅、厕所等）。软件方面：课程／活动。

一、项目图解

沙坑游戏区位置

沙坑游戏区航拍图

强渡大渡河

建构沙坑

沙滩排球

这是几个结合了安吉游戏特点的沙坑,有建构沙坑、煎蛋沙坑和戏水沙坑,有两个直径5米的,两个直径3米的。平时会利用沙坑设计一些游戏,例如,沙滩排球、强渡大渡河等。对于3~6岁的小朋友,这个沙坑是很有吸引力的。

正常的海沙很常见,但是园区创造性的利用白沙,使得这个场景很容易地进入到游客的朋友圈,成为园区的一个爆点。

舞台嬉戏区

跨度：
南北约100米
东西约110米

面积：
约6 500平方米

组成：
草皮

舞台嬉戏区位置

舞台嬉戏区航拍图

舞台嬉戏区大片的草坪

草坪上的轮胎乐园

草坪上的亲子活动

草坪上的轮胎造型

舞台嬉戏区主要是草坪,也是户外活动的主要区域,可以容纳上百人一起游戏,亲子活动很多在这里完成。

草坪上还点缀了汽车模型、创意小动物和简单的拓展设备,另外,还设置了一个5米×15米舞台。

这里有一点特别值得学习的地方。图片上的不是草地,实际上是麦苗。因为苹果树下在10月试运营,建设周期比较紧张,所以先种植了麦子,这样在冬季和来年开春都是绿的且可用。

草坪上的滑梯

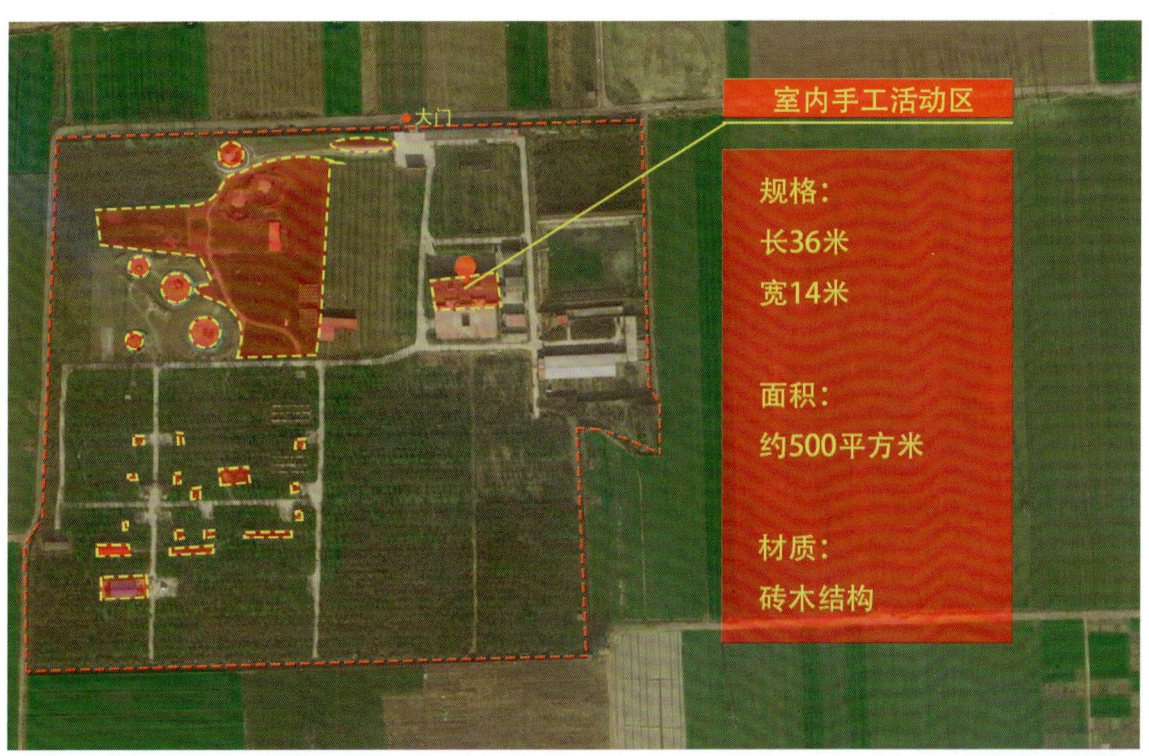

室内手工活动区

规格：
长36米
宽14米

面积：
约500平方米

材质：
砖木结构

室内手工活动区位置

室内手工活动区实景

室内实景

这个建筑是原有的，现在改造成了室内手工活动区，大概一半用来办公，一半用来做活动，像磨豆浆、空气凤梨、土豆发电等活动都可以在这里进行。

磨豆浆区

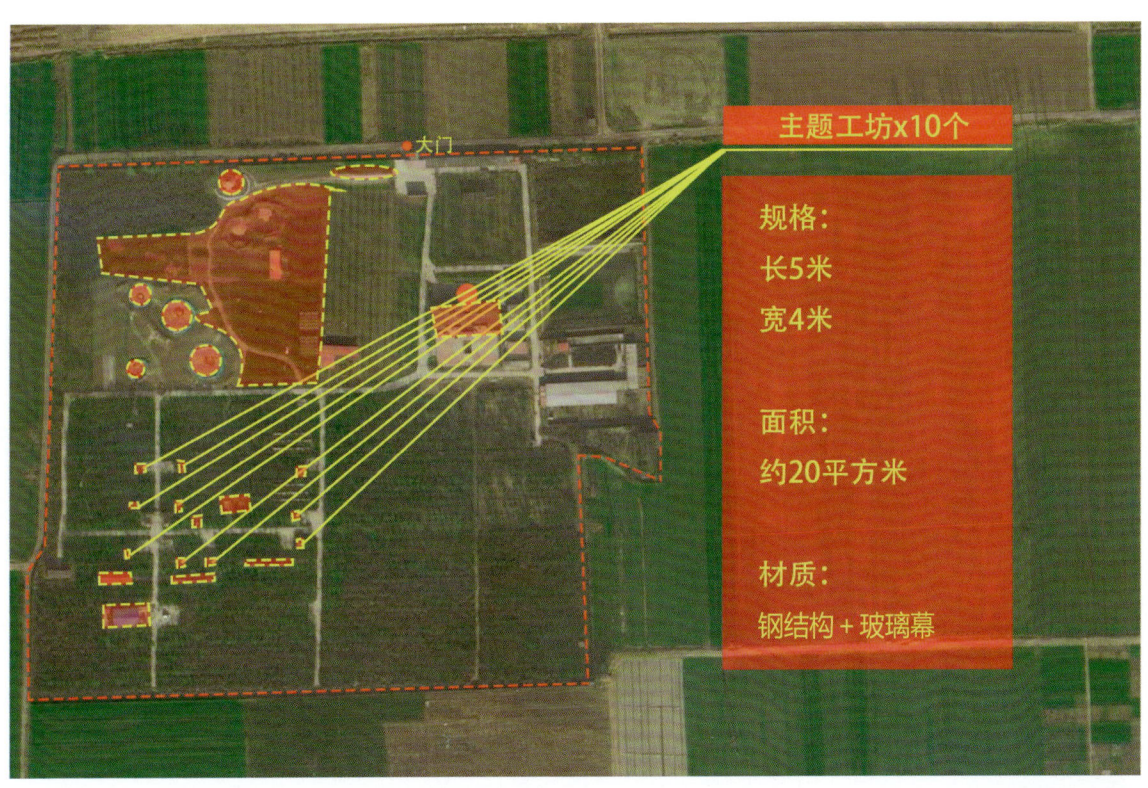

10 个主题工坊位置

主题工坊航拍图

菌类主题的工坊

扎染主题的工坊

苹果树下儿童见学农乐园

10个小玻璃房子是原来留下的,分布在苹果树林里,现在加以改造,变成10个主题不同的工坊,有扎染、菌类等,用于客人做一些手工类的活动。

两个室外手工活动空间位置

室外手工活动区实景

室外手工活动区涂鸦的孩子

　　两个木质长廊，加上长条桌，改造成室外手工活动区，累了可以在这里休息，人多，餐厅不够的时候，还有当作就餐场地的功能。

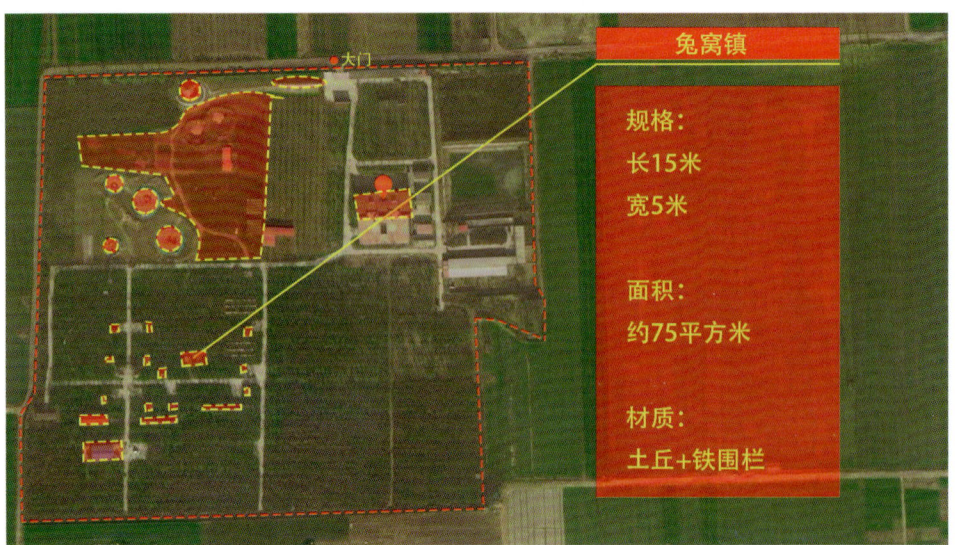

兔窝镇位置

散养的白毛兔

散养的长毛兔

这里可以零距离的接触兔子。在园区内还养殖有羊、鸡、鹅、驴、孔雀等动物，让孩子更有责任感，更有爱心。

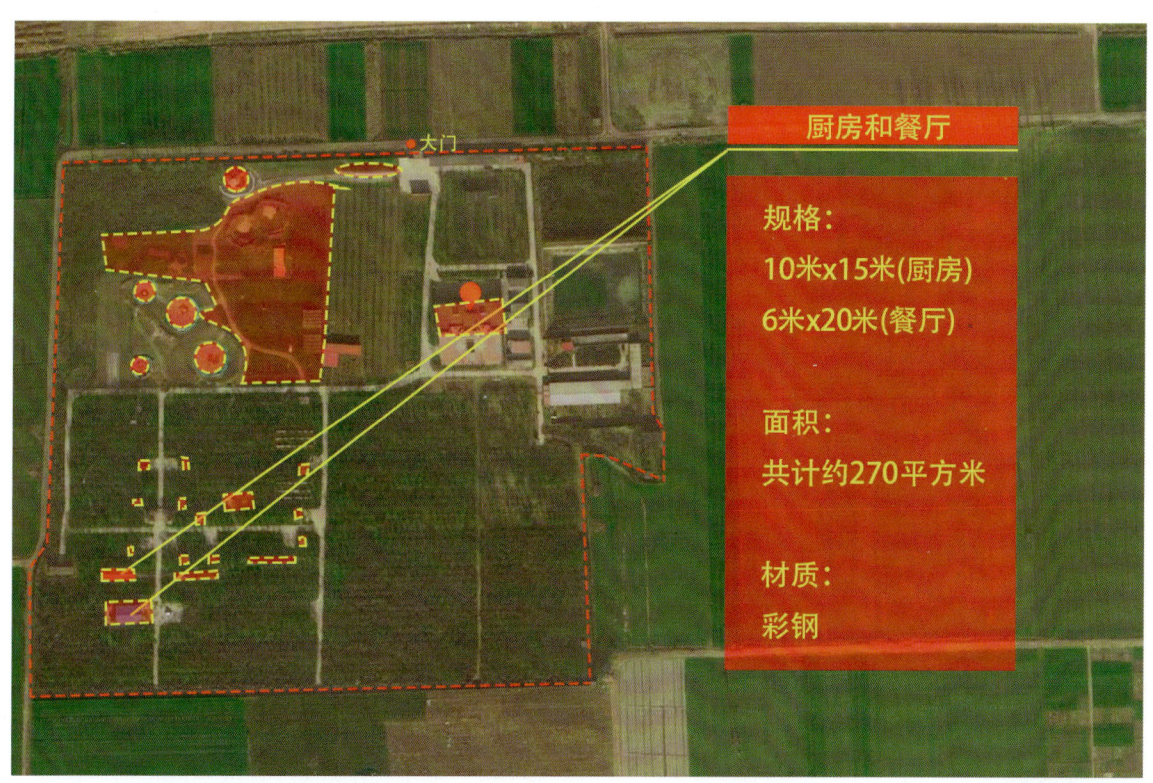

厨房和餐厅

规格：
10米×15米(厨房)
6米×20米(餐厅)

面积：
共计约270平方米

材质：
彩钢

厨房和餐厅位置

后厨实景

餐厅实景

厨房和餐厅加一起，占地面积约270平方米，餐厅的设置过小，容量100人左右，翻台三次也只能接待300位游客。但是园区最多可接待超过3 000人，听包总说，实在不行还可以租赁桌子在室外用餐，不过，遇到刮风下雨就比较头疼。**农场接待以团客为主，因此餐饮采用了自助的形式。**

据包总说，开业前还有考虑过是不是上餐饮的问题，开业后发现这是必须要上的项目。

卫生间位置

卫生间航拍图

卫生间是园区的一个爆点，围墙用废旧的玻璃瓶和砖砌成，有一定的教育意义，这也是出现在游客朋友圈较多的板块。

玻璃瓶里种植绿萝

二、活动／课程

硬件板块说完了，可是究竟怎么拿来赚钱呢？就是这一部分解读的重点。以一个一天的方案为例。

9:00—9:40　自然名牌＋破冰游戏

9:50—10:20　四面楚歌

10:30—11:00　坑烤／农事体验，二选一

11:00—12:00　自由活动

12:00—13:30　午餐休息

苹果树下儿童见学农乐园

13:30—14:10　自然探索

14:20—14:50　浑水摸鱼 / 水晶淘宝 / 自然考古，三选一

65

15:00—15:30　石磨豆浆 / 做自然小风铃，二选一

15：30—活动结束

像这样的活动，主要面对幼儿园团客，一大一小收费 176 元。最多的一天接待了 3 000 人，咱就按人均 70 元计算，这是什么概念？

一日游产品主要面向团队客户，当天往返，每个团队以一大一小的亲子家庭为单位，体验 4~6 个活动 / 课程。

项目	转型前	转型后
客户	不明确	3~12岁亲子家庭
产品	苹果	一日游产品 营地产品 餐饮 门票
价值	200亩苹果	亲子活动一站式解决场地
类型	生产型农场	教育农园
天花板	80万=200亩×2 000斤×2元	700万=1 000人×100天×70元

转型前后农场对照表

转型前以苹果种植为主，面对的客户不不明确，就按 200 亩算，亩产 1 000 千克，每千克 4 元钱，80 万就是它的天花板。

可是转型后，完全不一样了，农场的产品不再是那 200 亩苹果，而是面向 3~12 岁亲子家庭"亲子活动一站式解决方案"，就按 100 天的接待时间算的话，每年最少可以创造 700 万营业额，天花板一下子就高了很多。

转型前是生产型农场，转型后是教育农园，这就是最本质的区别。所以我经常说，往往是思维限制了我们的发展，当困在"农业 = 农业生产"的怪圈里时，很难有所突破。有的老板做农业 3 年，5 年，8 年甚至更长，最后发现，不是庄主们不够努力，而是天花板就在眼前，跳出农业做农业，或许会发现更广阔的空间和更多的可能。

三、你会是第二个苹果树下吗？

如果说硬件方面是园区的主体，那软件则是园区的灵魂。"软件 + 硬件"组成了苹果树下的 2.0 产品——亲子。

很多人去模仿苹果树下，以为很简单，结果从一个坑掉进另一个坑。原因就出在软件的部分。硬件是容易模仿和构筑，而软件则需要积累且容易被忽略的部分。

这一部分，我们重点讲解一下转型前需要考虑的三个问题：市场规模、团队基因和团队执行能力。

1. 市场规模

大家看一下苹果树下的位置，是位于河北省石家庄市近郊，石家庄市什么概念，有 490 万的市区常住人口（石家庄统计局，2017），2017 年刚从三线城市划入二线城市。

咱们做的是人的生意，准确说是 3~6 岁幼儿园这个年龄段的生意，还是那句话，你客户聚焦了，就得考虑聚焦后的客户群够不够咱们项目用。

如果你是和石家庄体量相当的城市，那市场方面应该不是问题，如果是比石家庄小的城市，那你当地市场够不够支撑这样接待单一客源的项目？就我们看到的情况，在地级市是可以的，只是要控制总的投资规模。如果你是在一个更小的城市，那你就该考虑下是做成一个独立项目，还是把亲子板块作为一个模块放在园区中？

2. 团队基因

什么是"基因"？猴子爬树、小鸡飞翔、狗吃屎，这都是基因决定的，如果猴子还不会爬树，是因为这个潜力没被开发出来，而不是它缺少这块潜力。**所以，这里的基因我想表达的是完成某项事情的潜力。**

85万元投资从来不是苹果树下的门槛，咱们能投得起几百万做农场，相信挤挤几十万都还能再挤得出来，可是这件事不是靠钱解决的，而是靠活动/课程开发能力。

苹果树下创始人之一包芳，那绝对是教育工作者，对孩子的需求，幼儿园需求有很好的理解，还能组织起相关资源来完成课程/活动的开发，这就是能完成这项转型的最关键因素。

如果说硬件方面是园区的主体，那软件则是园区的灵魂。"软件 + 硬件"组成了现在的苹果树下。

上面讲到的那个秋游方案，以及园区提供的所有活动方案，都是这个因素产生的结果，具体说来是课程/活动的策划能力。**课程/活动开发有一定难度，而且往往需要借助外脑。**一方面，要根据自己农庄现有的资源来做，比如苹果树下有苹果，他们可以开发苹果派DIY活动，而你园区只有橘子，就可以开发别的项目，每个园区主题不同，资源不同，所开发的课程和活动也不一样。另一方面，还要根据不同年龄段的孩子来设置不同的活动方案，比如苹果树下是面对3~12岁的亲子家庭，其中3~6岁的幼儿园团体和7~12岁的小学团体的需求是不一样的，甚至幼儿园的大班和小班的需求也有区别，那就要求园区有多套备选方案，当不同年龄段的客户找上来的时候，都有合适的活动方案可用。再有，要按照不同的时间节点开发活动，比如，3月要做植树活动，3—4月春游，5—6月做幼儿园毕业季活动，7—8月做夏令营活动，9—11月做秋游，12—1月做冬令营等，一年中，不同时间，客户有不同的需求，要根据季节来设计活动。

活动开发是园区成功与否的关键，有一些庄主复制了硬件，却很难短时间找到合适的人开发自己的课程/活动，导致项目搁置，所以，在转型的时候，一定要提前想好关键点在哪，自己团队是否有这个基因。如果没有，如何把这样的人整合进来？

3. 执行团队

当一个活动/课程被成功的开发之后，活动的高质量落地和执行成为关键。当园区每天接待上千人的亲子团队时，几十号员工是必须的，有的负责带队，有的负责完成活动体验，有的负责总协调等，他们中间有兼职、有全职，兼职的还要接受岗前培训。

一日游产品活动的人员配比大概是 30∶1，也就是说，如果园区当天接待 1 000 人，活动执行人员就需要 33 个，能否找到合适的兼职人员，这是非常重要的，很多活动为主的园区都有自己庞大的兼职团队。例如，苹果树下在石家庄南二环，多采用当地的幼师做兼职，大概有 100 个兼职教练；北京的爱宝安全基地和郑州的童乡在大学附近，以大学生为主要兼职人员。

所以，如果项目位置较偏，找不到招之即来的兼职人员，未来的运营成本会比较大这也是考虑转型是否成功的关键。

讲完这段，你还觉得这个事简单不？如果是的话，那就去干吧！

关于苹果树下，我在 2017 年去做过一次采访，也对农场做了一次航拍，做成了一个几分钟的小视频。微信扫描旁边的二维码，**关注公众号：农未来，直接回复：苹果树下**，就可以看到了，会帮助你更好的理解苹果树下的盈利模式。

幸福时光亲子户外营地

58亩地,投资300万元,第一年营业额600万元,一个被成功"策划"出来的项目

幸福时光项目标志牌

这是一个只接待团客不接待散客的项目，所以停车场里多是大巴车，偶尔有散客开车过来会被告知没办法接待。

但这个仅 58 亩，仅投资 300 万元的项目却有着骄人的经营数据：第一年营业额 600 万元+，接待人次 8 万人+，而且口碑极好。

项目航拍图

一、项目图解

开营广场

规格：
长25米
宽20米

面积：
约500平方米

材质：
钢结构骨架
+遮阳网

开营广场是一天活动的预热场所，一般会在这里跳律动、分队、介绍活动等。

开营广场位置

开营广场实景

体验拓展训练区位置

穿越设备

攀爬设备

体验拓展训练区设置有穿越设备、攀爬设备等，经常被排为小朋友到园区之后的第一个项目，因为会消耗一些体力，让激动的小朋友们有个发泄的过程。

室外游戏场景位置

室外游戏场景之 CS 场景

室外游戏场景之射箭

75

农耕体验区

规格：
长140米
宽50米

面积：
约6 000平方米

材质：
农作物

农耕体验区位置

农耕体验区实景

体验农耕的亲子团队

春种、夏长、秋收、冬藏，每个季节农耕体验区都有足够的素材去组织活动，是做农耕体验、自然教育的绝佳场地。例如，春季的植树节，这时每天可以接待上千人体验植树。

小动物乐园

规格：
直径13米

面积：
约130平方米

材质：
铁栅栏
小动物

小动物乐园位置

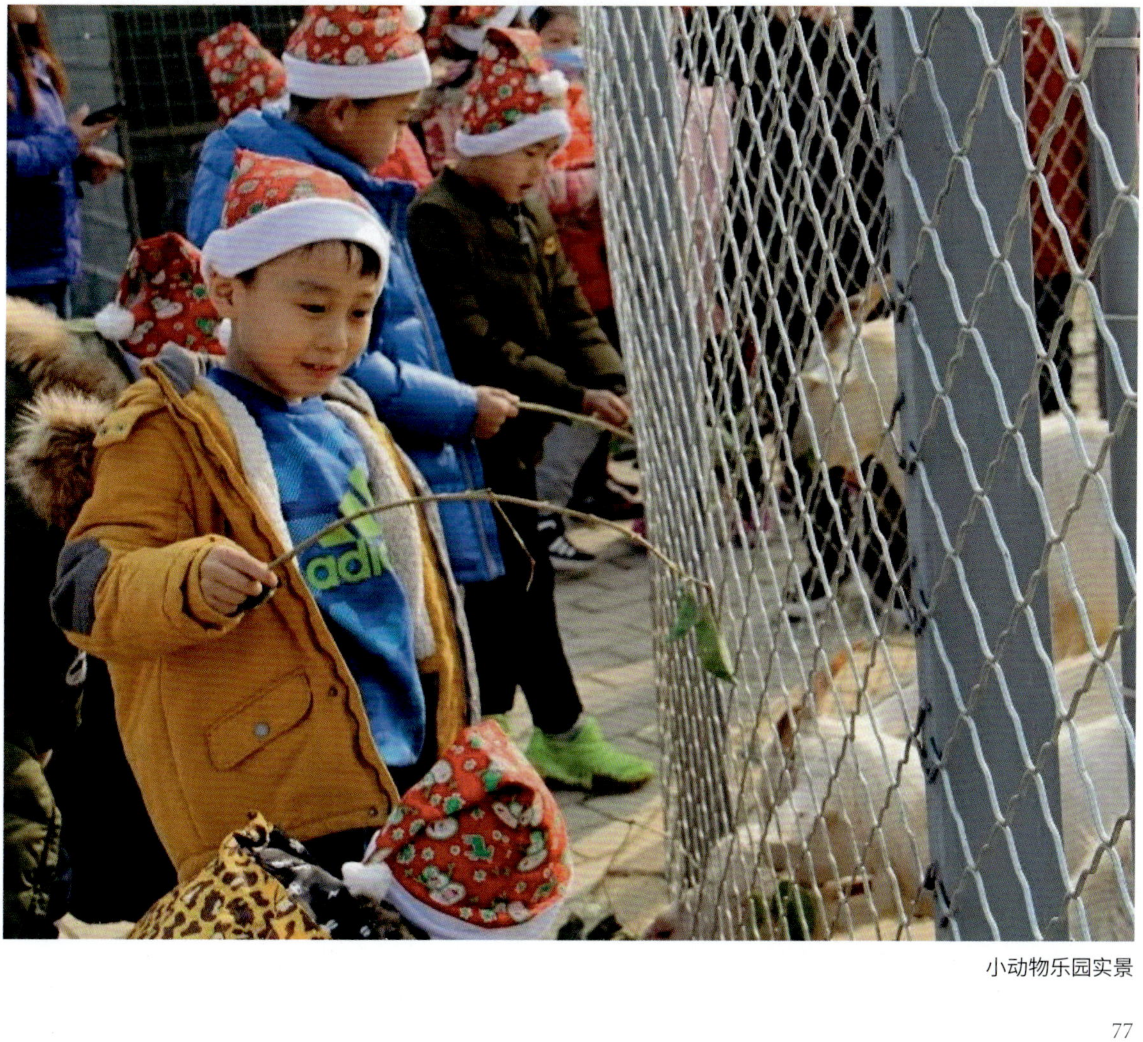

小动物乐园实景

小动物乐园，养殖了一些常见的小动物：小羊、兔子、鸡等。并没有养殖羊驼什么的，因为养殖成本比较高。

羊

兔子

鸡

室内活动空间位置

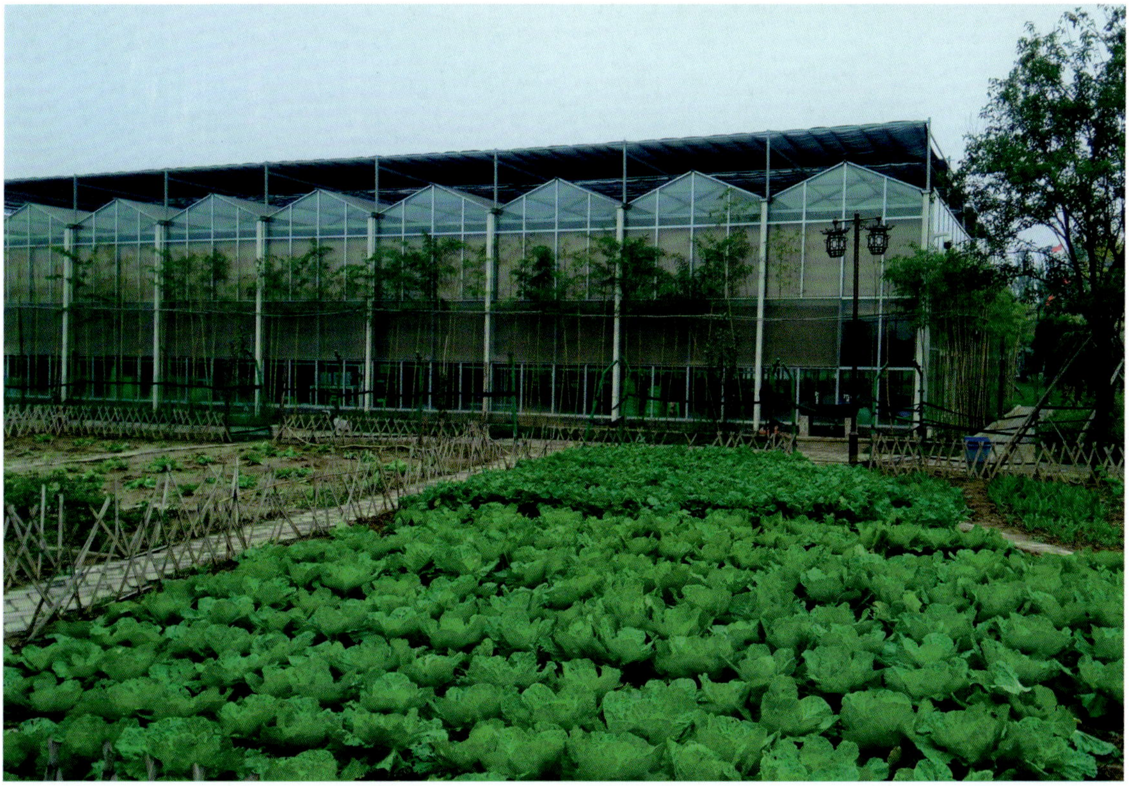

室内活动空间

规格：
长30米
宽20米

面积：
约600平方米

材质：
连栋温室大棚

室内活动大棚外景

室内活动空间以"手工"为主，例如，扎染、磨豆浆、四大发明、制作面点等项目，一般这样活动量较小的活动放在下午，上午以活动量较大的室外活动为主。

室内活动空间之磨豆浆

室内活动空间之活字印刷术

室内活动空间之沙盘

餐厅

规格：
长27米
宽23米

面积：
约600平方米

材质：
连栋温室大棚

餐厅位置

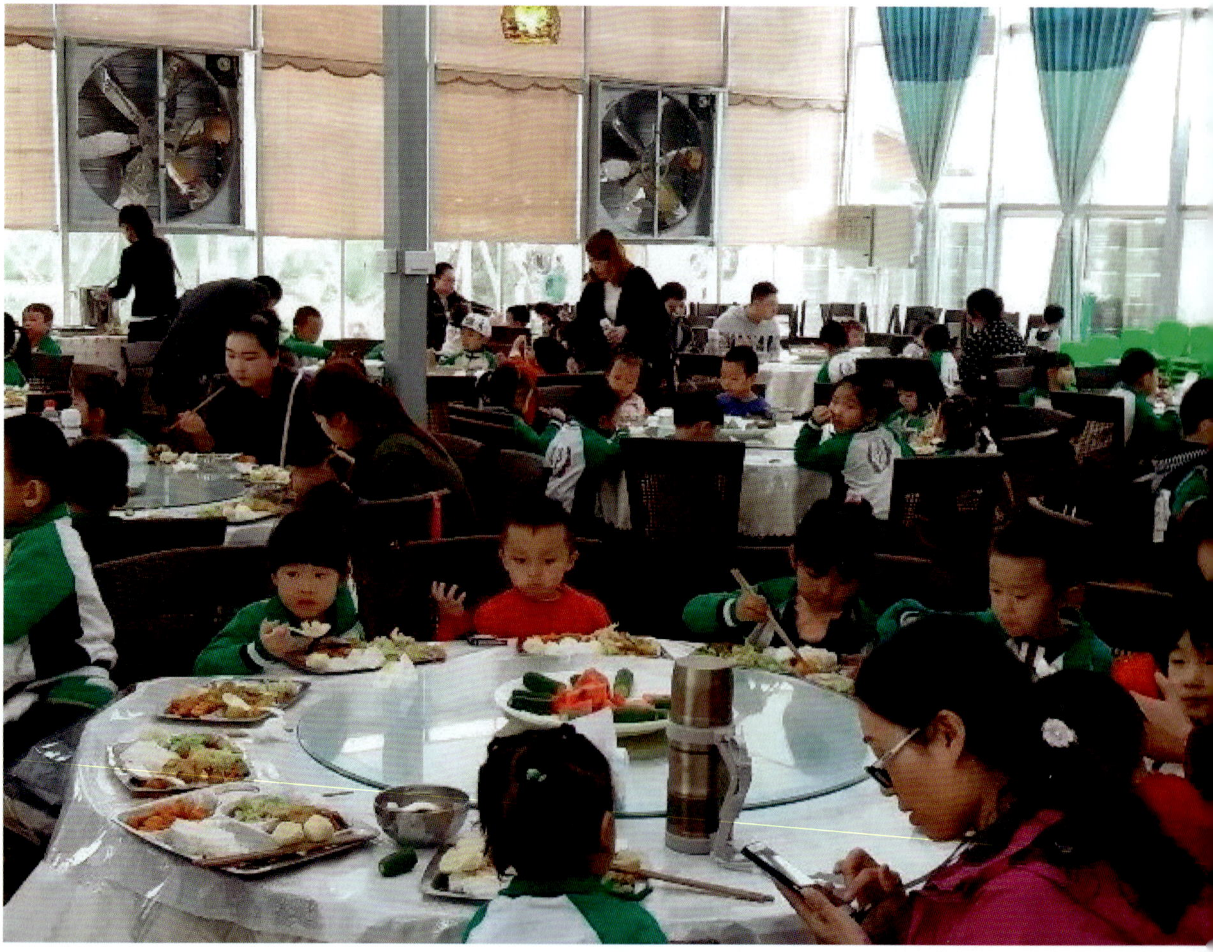

餐厅实景

幸福时光亲子户外营地

用于团队的自助餐

汤

实际就餐场景

幼儿园"当日往返"的出行习惯,要求园区要有餐饮板块。餐厅提供自助餐,占地面积600多平方米(仅就餐面积,不含后厨)。餐厅内放置满满的50个圆桌,同时可满足500人就餐。

餐厅面积过小限制了幸福时光的接待量,即便从11:00开始午餐,40分钟翻一台,最多翻三次台到下午1点,所以园区最多可接待1 500人=500人×3台。而园区最多接待过1 800人,场面有点壮观。**对于接待团队为主的自助餐厅,建议把园区餐厅面积设置为接待人数,即想接待1 000人,餐厅的最佳面积是1 000平方米。**

卫生间位置

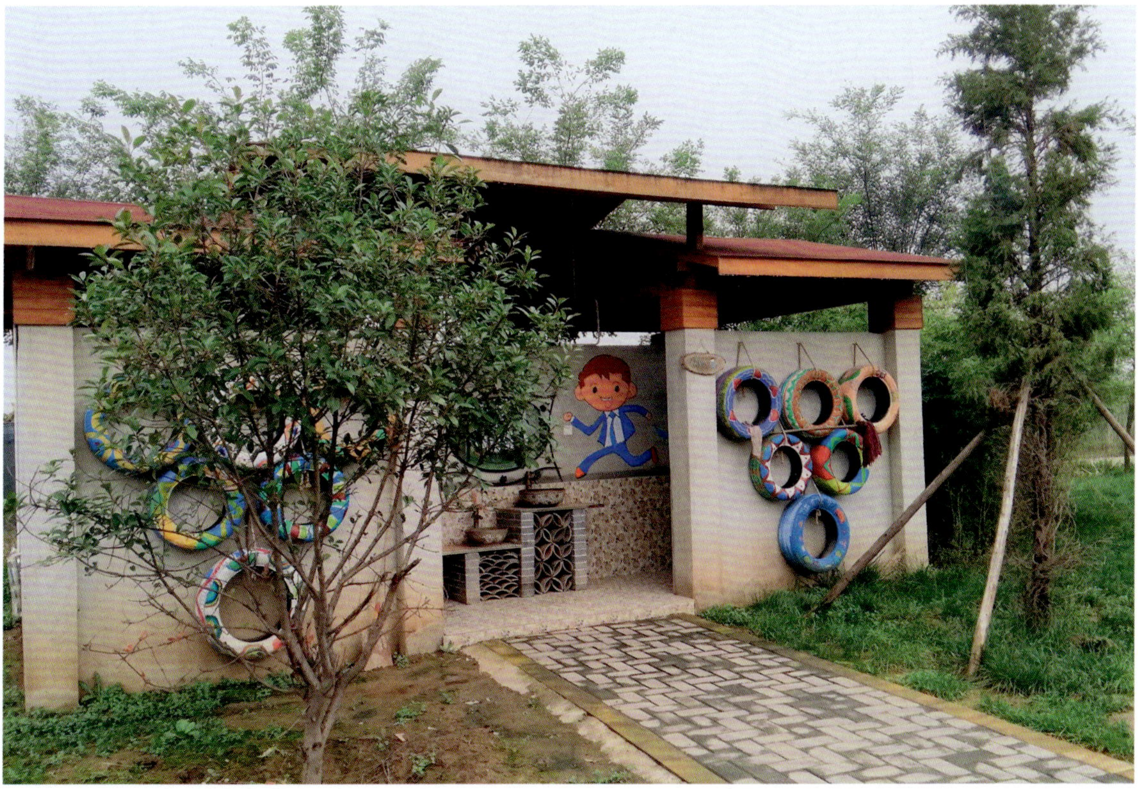

卫生间

规格:
卫1: 5米x8米
卫2: 4米x8米

总面积:
约72平方米

材质:
砖木结构

卫生间实景

高低洗手池

卫生间内部

农庄一共50亩，总共有两个卫生间，一个可以覆盖到室外活动区和室内活动区，一个主要用于就餐时间的游客。**特别需要注意的是就餐处的卫生间，一定要大，而且要有更多的水龙头。**

以上就是园区的所有核心板块，每年接待的 8 万客流，600 万流水就在这块场地上。通过和创始团队的沟通发现，开业就火并不是偶然，这主要归功于项目前期的"策划"。**这里的策划不是指规划，也不是指活动策划，而是把客户需求准确的翻译成产品的过程，换句话说——要不要做？做成什么样？** 很多失败的项目都成功地忽略了"策划"的环节，而市面的一些规划机构更不会主动告诉你。

接下来我尝试还原幸福时光的策划过程，分别从"要不要做"和"做成什么样"两方面阐述幸福时光的成功之道。

二、要不要做这个项目？

幸福时光总投资 300 万元，这个钱对于创始人团队来说是笔不小的钱，像赌博一样，赢了买房买车迎娶白富美，输了哭都没地哭去，没办法，谁让咱们是在"农地"上干事业呢？

那是在 2015 年，创始团队有了这个想法之后，就到处去考察学习，那会儿还没有笔者的这个节目，他们得全国到处考察，到处看。

但那时候市场上类似的成功项目并不多，可直接借鉴的现成案例更是没有，他们只能根据一些外围因素来决定这 300 万赌还是不赌。

总结一下，大概分为 8 点：①政策；②市场；③客户需求了解程度；④团队齐整；⑤渠道；⑥竞品情况；⑦交通情况；⑧外围关系。

相信这些思考过程，也是你做项目过程中应该考虑的维度。

1. 政策

幸福时光想做的是幼儿园市场，也就是 3~6 岁亲子家庭的生意，当时国家在推二胎政策，《全国人民代表大会常务委员会关于修改〈中华人民共和国人口与计划生育法〉的决定》也通过，并且决定在 2016 年 1 月 1 日起实施。这意味着，2019—2021 年，学前教育适龄儿童的数量将达到峰值，**市场有逐年扩大的可能。这一点是利好。**

后来，在园区的建设过程中国家又陆续推出了两个相关政策，2016 年 11 月颁布了《教育部等 11 部门关于推进中小学生研学旅行的意见》，2017 年 9 月颁布《中小学综合实践活动课程指导纲要》，这两个文件也很重要，没有文件支持，体制内学生很难外出，这又给了幸福时光的未来更多的可能性。这无疑也是利好。

但是，政策方面还有一个风险：用地政策。这也是所有休闲农业会遇到的问题，农地上原则上不允许搞建设，但是休闲农业涉及餐饮、室内活动空间等，必然要有一些建设，建设过程中擦边和出圈的分寸很难把握，把握不好就是违建，面临拆除。**这一点可以说是政策里的不确定因素。**

2. 市场

他们想做的是幼儿园市场，所以幸福时光的刘总提到，西安有大概 1 000 家幼儿园，每家按在园人数 200 人算就是 20 万人，亲子出行的规律是一个小孩带一个大人，这么算的话是 40 万的一个出行需求，西安这个省会城市给了幸福时光足够的市场空间。

这个数据还是比较准的，艾瑞咨询的一个报告显示，幼儿园在园人数相当于当地人口的 3%，西安有 883 万人（西安市统计局，2016 年），也就是说幼儿园在园人数大概有 26.49 万，一大一小就是 50 万人次的市场空间。

2015 年这个产品还是空白，所以，市场是没问题的。

3. 客户需求了解程度

很简单，了解了客户需求，才能对症下药，满足需求。

幸福时光在筹建之前，创始人团队就已经在组织亲子活动、营地活动、户外拓展等，只是需要租用别人的场地。

所以，对于客户的需求比较清楚，例如，对于卫生间的卫生要求，对于餐厅的要求，对于封闭环境的要求等，这些客户需求在筹建幸福时光之前就已经被创始团队捕捉到了，这样做出来的项目更容易复合市场的需求。

这一点可以说是创始团队的一个极大优势。

4. 团队齐整

户外体验营地、亲子农庄、研学基地等，这些项目属于典型的"轻资产、重运营"业态，投入的硬件偏少，但对于软性的东西要求比较高，是一个高度依赖人才的项目。总结一下，大概需要 4 个主要角色：规划建设、营销、活动策划、园区运营。那这些角色，创始团队都具备了吗？

规划建设： 这是每个实体项目落地过程中必须要经历的一环，就是幸福时光 300 万的主要去向，园区的哪些板块可以省去，哪些板块必须保留，如何对接规划院，如何监督工程效果和质量。

开业前的所有准备似乎都需要一个懂规划，懂建设的人盯着。幸福时光的花总就承担了这个角色，她做了十多年的房地产，就是负责对接规划院的。这个角色完美。

营销： 园区建好后，最重要任务是要有人来，这时，一个有渠道，懂营销，懂客养的人才显得非常重要。

幸福时光的刘总承担了这个角色，他是市场营销学专业，深谙市场的运作规律。用刘总的话，他只负责市场，如果看到园区排期满了，他就出去耍了，排期不满他就出马。

活动策划：亲子家庭来了玩什么？怎么玩？玩的背后想达到什么样的教育意义？这些是活动策划要做的工作。不仅如此，带队老师有几十号人，如何培训他们，让他们同样具备把活动高质量落地也是一个重要课题。王总承担了这个角色，他是企业管理教练，资深企业培训师，团队心智训练专家，全国体验教育培训讲师，中关村体验教育培训科技协会会员。

园区运营：每天上千人次的接待，需要一个强有力的团队，从人员的管理、资金的使用、团队的组建及接待项目的配套服务等都极其关键。李总负责这一部分，她是高级人力资源管理师。

5. 渠道

前边有提到，创始人团队前身就已经在组织亲子活动、营地活动、户外拓展等，过程中积累了很多幼儿园园长这样的资源，这个肯定是利好。

6. 竞品情况

幸福时光是 2016 年 10 月正式开始运营，当时西安几乎没有什么竞争对手，幼儿园空有出行的需求得不到满足，公园没有封闭的环境，农家乐更多的提供的是餐饮而没有活动方案和执行团队，采摘园提供的更多的新鲜的水果和蔬菜……**市场上找不到一家专门为幼儿园这类客户而优化的活动场地，在市场空白期，很容易拿到订单。**

7. 交通情况

幼儿园出行的要求和其他客户群体略有区别，他们一般是团体出游要坐大巴车；再有，他们出行是一日游，很少过夜，所以距离项目地最好不要超过 1 小时；还有一点值得注意，交通安全，幼儿园园长在考虑是否去这个地方的时候，一定会考察交通安全，如果路程近但路况不好也有风险，比如崎岖的山路是不适合做的。幸福时光选在了一个一级公路旁边，一小时内可以覆盖到西安绝大多数幼儿园。

8. 外围关系

做实体避免不了和很多利益相关方打交道，当地村民、父母官、政府等，经过了解，幸福时光当地村民民风淳朴，村委和政府对于休闲农业的投资者持鼓励态度，周围也已经有一些农业项目落地。整体是向好的。

那么关键问题来了，思考的 8 个点出来了，如何分析得出结论呢？

这就不得不借助一个分析的方法——"SWOT"分析，也叫态势分析。是一种方便企业做决策的常用方法。

内部分析 / 外部分析	优势（s） 1. 了解客户需求 2. 团队齐整 3. 渠道优势 4. 交通便利	劣势（w） 1. 核心成员被挖 2. 渠道被挖
机会（o） 1. 政策利好 2. 市场够大 3. 竞品少 4. 外围关系好	SO战略 利用优势，最大限度的发展 基于客户需求，设计出相应产品，落地于交通便利的基地，通过齐整团队，利用渠道优势快速占领市场。	WO战略 利用机会，回避弱点 在项目落地过程中，找出核心成员，设立相应的激励机制和防竞争机制。同时，把核心渠道交由可靠人员维护。
威胁（t） 1. 用地政策限制 2. 同行复制快	ST战略 利用优势，降低威胁 在项目落地前，做好项目备案并多关注国家最新用地政策。维护好核心员工，防止同行挖墙脚。	WT战略 减少劣势，回避威胁 和核心员工签订保密协议，并给予合适待遇；建立完善的员工培养体系。

SWOT 分析

上面不是讲到那八点的时候，除了用地风险，其他不都是利好吗？那干就得了，多思无益吧？

恰恰相反，很多时候，优势可能瞬间变劣势，举个例子，你不是创始团队比较整齐吗？我挖你一个核心成员，在你旁边也干一个，你怎么办？

再如，你不是有现成的幼儿园客户，认识好多园长吗？我把这个掌握资源的人挖走怎么办？

你市场不是很好吗？我看你干得不错，我也干一个，比你还舍得投钱，3 年以后你的竞争力在哪？

所以，不是一切利好，就等于马上行动，而是把所有正反两面的因素列出来，看看交叉出现的新问题能否找到解决方案，如果能找到，那就是可行，反之则不行。

我们快速地过一下：

SO 战略（如何自身优势和外部机会，最大限度的发展）：你了解客户需求，有相应人员设计出活动 / 课程，选址在交通便利的位置，利用渠道优势快速占领市场。一句话就是，早开园，你不干说不定别人干了。

WO 战略（如何在利用外部机会过程中，回避自身弱点）：在项目落地过程中，找出核心成员，设计相应的激励机制和防竞争机制。同时，把核心渠道交由可靠人员维护，幸福时光现在的客户都在刘总手里嘛。

ST 战略（如何在发展自己优势过程中，降低外部威胁）：不是用地有限制嘛，咱多备案，多关注用地政策。同行复制快，那咱就维护好核心员工，防止被挖墙脚，提高其他项目复制你的门槛。

WT 战略（如何减少自己劣势，回避外部威胁）：一方面保住老员工，给够待遇，和核心员工签订保密协议。另一方面，建立完善的员工培养体系，以防万一。

通过上述表格，可以清晰地**看出机会成熟，风险可控**，幸福时光选择了启动项目。

三、幸福时光应该做成什么样？

策划要解决的第二个很重要的问题是"项目做成什么样？"，你自己都没有个清晰的要求，怎么和规划机构沟通呢？有句话叫"甲方强则乙方强"，说的是在和规划公司对接的时候，如果你的要求不清晰，甚至根本没有要求，那规划单位的方案也不太可能满足未来园区客户的需求，毕竟未来运营园区的还是你自己的团队。

提炼客户需求，把客户需求准确的翻译成产品，并把要求传达给规划机构，这样才算完成了项目策划。

还以幸福时光为例，看看他们是如何提炼客户需求，并把需求翻译成产品的？

想要接幼儿园这个客群首先要搞清楚三类人的需求：园长、家长和孩子。抓不住园长的需求，就没有客人可接；抓不住家长需求，就没人肯掏钱；抓不住孩子需求，就没有满意度和复购率。

1. 幼儿园园长需求分析及产品设置

园长考虑最多的无非三点：安全、被尊重和放松的机会。

对于园长而言，在出行过程中，没有比安全更让她关心的问题了，一起安全事故轻松干掉一家幼儿园。而安全问题一般会出现在：园区安全、饮食安全、活动中的安全。针对以上三方面的安全问题，幸福时光均采取相应措施。

例如，针对园区内的安全，幸福时光利用围墙把园区围起来，这样一个相对封闭的空间更安全。

软装后的餐厅

再如,针对园区的饮食安全。园区建设了500平方米玻璃幕温室大棚生态餐厅,不仅如此,在餐厅的软装上还花了很多心思。让园长和家长进来之后能感觉到园区在餐饮上的认真和考究。

其次,在活动安全方面,园区买有保险,因为亲子活动,人多的时候难免有个磕碰,作为兜底的措施,一份保险既保护了园区,又保护了游客。

这是园长对于安全这个需求所产生的规划要求:园区要有围栏、要有软装很好的餐厅和未来运营过程中要上保险。

园长还有一个隐形需求:被尊重和重视。一般情况下,幼儿园出游前都会去踩点,当园长看完场地,聊具体合作的时候需要一个相对舒适安静的空间,这样转化率更高,园长也会感觉被重视和被尊重,同时也会高看园区一眼。为此,园区总经理办公室里放了很舒服的沙发、茶具、纯净水。

园长或幼儿园老师第三个需求也很重要,那就是放松的需求。做过幼教的都清楚,幼教是非常辛苦的一个职业,在第一个小朋友到之前老师得先到,在最后一个小朋友走之后老师才能走,拿的工资又少,操的心最多。好不容易有个周末,还要带队过来做亲子游,这时,他们更希望过程中可以轻松一点。

幸福时光捕捉到了这一点,并且做出了相应的措施:保姆式服务。从一下大巴车,孩子交给园区的带队老师,上卫生间、中间完成每项活动、转场、就餐、组织上车等,全部有一套很规范的流程。园长和老师想跟着看看也可以,在园区里转转、办公室喝喝茶、采摘点水果吃都可以。

舒服的游客中心

不用担心安全，想干啥干啥，不用考虑工作，这些必然会吸引到园长。

2. 家长的需求和产品设置

作为掏钱的家长的需求也要重视，有一个伺候不好，投诉到教育部门，任谁也吃不消，更不要说复购了。想让家长满意就得让他觉得值，为此，园区的景观打造、建筑软装、接待服务上都要有品质感。

室内活动空间外种植的竹子

微地形的营造

在园区景观上，创始团队花了很多心思，例如，DIY手工室外种植了一些竹子，美观、防晒，还起到了保护隐私的屏障的作用。园区是一块没有落差的平地，为了没有"一眼看透"的感觉，园区设计了微地形，道路也是曲折的，并且搭配了很多绿化树。

室内活动空间顶部软装效果

室内活动空间隔断软装效果

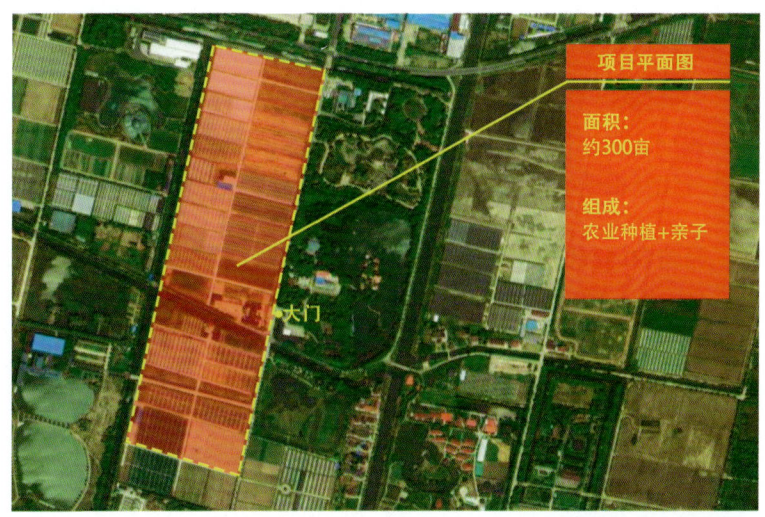

吾舍农场平面示意图

项目区位图

吾舍农场是一个从采摘园升级成的亲子农场。

创始人周总之前做了一个蓝莓采摘园,在蓝莓采摘园的运营过程中发现了一些客户的新的需求:有说没地方停车的,有说没地方吃饭的,有说只有采摘太过单调的等,总之,他们不再满足于摘两斤水果,娱乐、餐饮、体验等的需求逐渐增强。

周总敏锐地捕捉到了市场的变化,在做这个新项目的时候,把原来采摘园客户的新需求结合起来,于是就有了现在的吾舍农场。

现在的农场占地面积约 300 亩,其中至少 260 亩仍然以农业种植为主,供采摘;其余部分拿出来做亲子等旅游接待。只是,采摘被当作活动的一个环节设计进去,或者散客的一个附赠,因此,园区种植的水果、蔬菜等在园区内自己消化,种植板块不再是主要业务,而可以理解成亲子旅游的配套板块。

亲子板块的嫁接,让它从众多采摘园里脱颖而出,截至我们去农场考察时,转型整整一年时间，年接待游客 8 万~10 万，人均 80~100 元，节假日最高接待过 2 300 人。

采摘园如何发展？这是一个全国性的命题。一方面，客户的需求在随着钱包里的钱变鼓而变化；另一方面，采摘园的数量变多，竞争也激烈起来；综合市场和竞品两方面因素，采摘园面临着挑战和新机遇。

吾舍农场最值得学习的是 40 亩核心区软硬件的系统性打造以及适合多类客户玩一天的方案。

为了说明白这个问题，我计划从三个层面来说明问题：先从硬件板块及功能介绍入手，让大家对园区有一个直观的感受；再从软件入手，介绍园区看不见的产品：课程/活动；最后，分析不同客户群在园区的需求，以及园区如何利用软硬件组合来满足客户需求。

一、项目图解

采摘区位置

采摘大棚实景

草莓

白玉枇杷

樱桃

蓝莓

葡萄

桑葚

采摘区占地面积约 260 多亩，10 个品种，像草莓、樱桃、枇杷、蓝莓、葡萄、桑葚等共约 5 000 棵树。

单采摘板块，和普通的种植农场相比，区别特别大。 先说在选品种上，传统的果园甚至是采摘园，一般会选择种植一种品类，比如葡萄采摘园，我 300 亩全是葡萄；苹果园，500 亩全种苹果。要说没道理吧，有点道理，因为我技术难度低啊，种过果树的都知道，剪枝、打药、施肥的方法不同的果树全他喵的都不一样，我种什么就得雇个懂什么的技术员，要是真的种个十种八种的果树，光技术员就得雇上一大票，那成本是翻了跟头的噌噌往上翻。

可这新时代的采摘园可就不是这个套路了，果树的任务不是每亩多产个百八十斤，而是吸引客人过来。

您要还不明白的话，咱再举个例子，假如吾舍农场 260 亩种植区都种上樱桃，而上海的樱桃成熟时间大概是 4 月 25 日至 5 月 15 日不到一个月时间，结果是樱桃成熟的季节采摘不完，造成浪费。采摘又是吸引客人过来的一个很重要的因素，只种樱桃的话，其他 11 个月采摘就失去了对客人的吸引。

所以，采摘区要采用多品种的策略，这样有两个优势：一来不愁销路，靠采摘就自己消化了；二来可以保证一年 12 个月都有得可摘。 任何一个时间，我农场都有你想采摘的果子，市区没有，别的农场没有，您可不就得屁颠屁颠去您农场了吗？

再有，品种的选择上也很讲究。从图片上庄主们也发现了，蓝莓、草莓、桑葚、樱桃等，果实个头普遍较小。其实啊，采摘的乐趣在于过程，周末客人开车两小时过来，如果摘苹果的话 5 分钟不到就摘完了，就没什么意思了，所以采摘园要尽量选小个头的种。

这下好了，蓝莓、草莓、樱桃，您没个半个小时 40 分钟的别想采摘完，加上洗，加上吃，加上玩，不磨蹭到饭点再让您掏一顿饭钱，您甭想回去。可别小看这一顿饭钱，一家三口门票不过 90 元，这一顿饭下去，营业额直接翻倍。

另外，还有两个细节也值得学习： 一是采摘区申请了有机认证，因为上海有很多不差钱，但是一定要让孩子吃得健康的家长，到采摘园来难免要摘了就吃，所以有机认证给采摘区加分不少；另外，大棚的搭建给了雨季采摘的可能，包括田间道路的优化，都是考虑到了客人的舒适度。

核心区位置

核心区航拍图

除了采摘，其他板块绑在一起称为核心区，也是游客最集中的区域，占地面积约35亩。包括了检票口、儿童乐园、西餐厅、DIY教室、玩沙区、草坪、卫生间等。

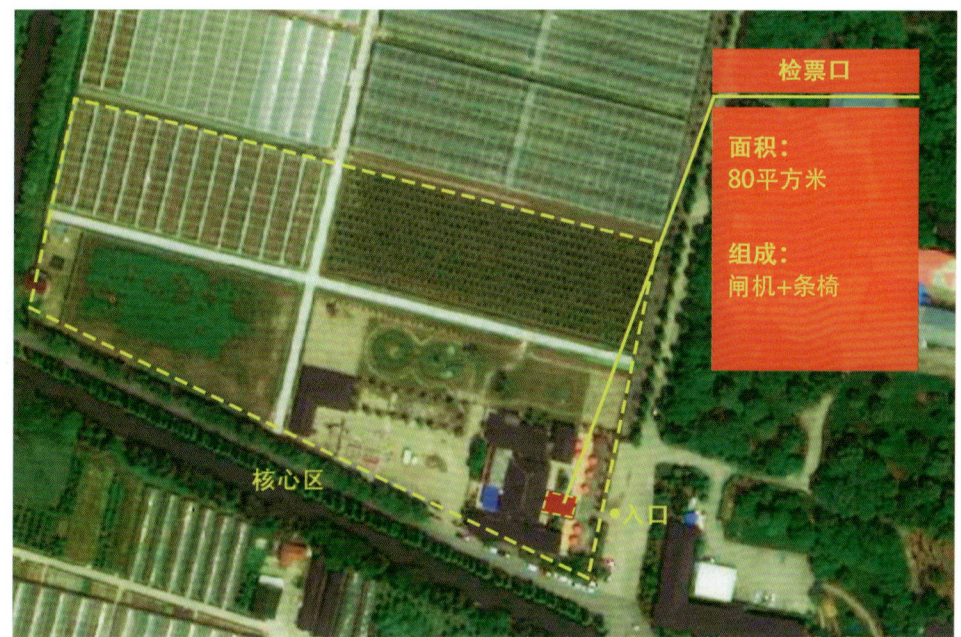

检票口位置

检票口实景

　　检票口是散客入园的必经之路,廊子顶部有风铃点缀,在风声中叮当作响,廊子里摆放有条形座椅供游客休息。

游客接待中心

游客接待中心的地面

烘焙教室

制作蛋糕的工具和材料

蛋糕DIY现场

蛋糕制作流程

烘焙DIY教室，给游客提供工具、材料、教程，做好之后提供烘焙，对于散客单独收费的项目，团队客户也可以把烘焙DIY作为整个行程的一个环节。

乐高积木教室

乐高积木教室是小小孩的最爱，有些家长担心孩子太小，在户外的儿童乐园玩不安全，会带他来这里玩。

阅读区

阅读区可供家长和小朋友阅读休息，同时，偌大的书柜和阶梯式的阅读空间，让这里成为拍照和合影的最佳场所。

草莓教室

草莓教室，是手工DIY场所，室内软装以草莓为主题，此外，还有另外两个主题教室，分别是樱桃教室和蓝莓教室，三个教室是室内活动的一个主要场所。

高低不同的洗手池

亲子厕所

高低不同的坐便

  亲子厕所，适合小朋友身高的贴心设计，加上高标准的卫生条件，颇受城里人的欢迎，感觉自己来到了一个有档次的地方。比起那些个捏着鼻子进，捏着鼻子出的旱厕不知道强了千倍万倍。

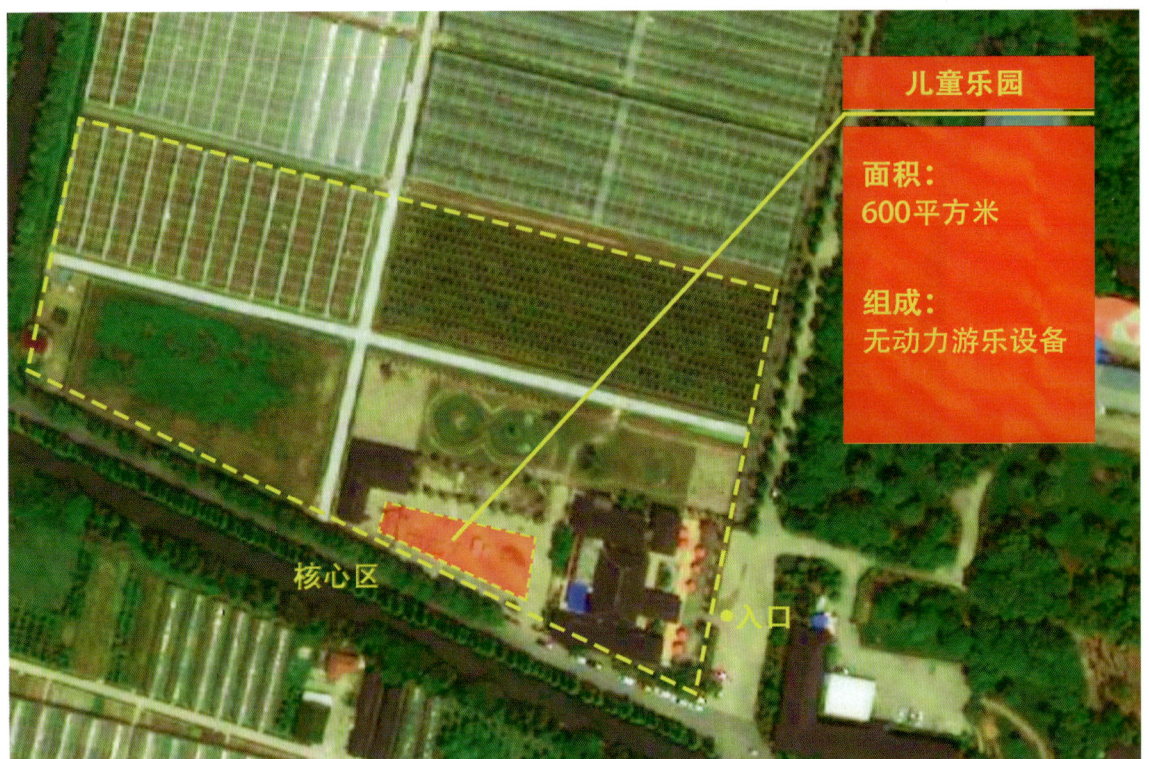

儿童乐园位置

儿童乐园实景

乐园内的设施

蹦床

攀爬设备

轮胎秋千

儿童乐园占地面积 600 多平方米，全部是无动力游乐设备，可供客人自由玩耍，这些设施造价大概 80 万元（不含基建）。

儿童乐园在双休日的使用率比较高，有了儿童乐园，园区可以多接待 100~200 个家庭。

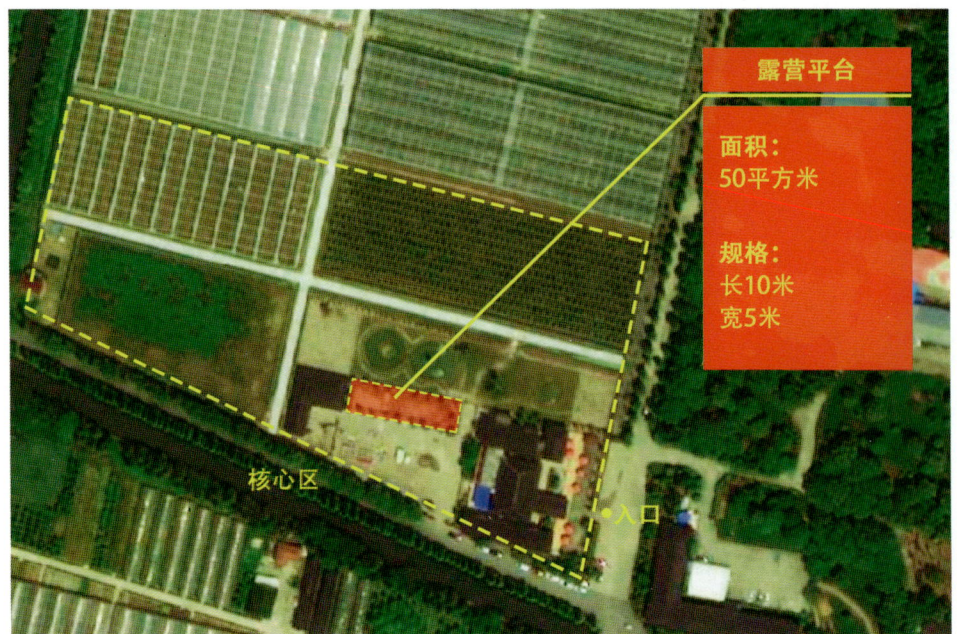

露营平台位置

露营平台位置

露营平台作为活动场地

露营平台占地约550平方米，木质的平台让这里刚下过雨都可以当作活动场地，例如，拔河比赛，三生三世十里桃花，制作桃花酿的场地，安全教育的场地等。

露营平台作为安全教育场地

动物喂养区之兔子

动物喂养区里的小羊

小动物区并没有固定的场所，只是在周末、节假日期间才会被放在露营平台旁边，也是小朋友们比较喜欢的。

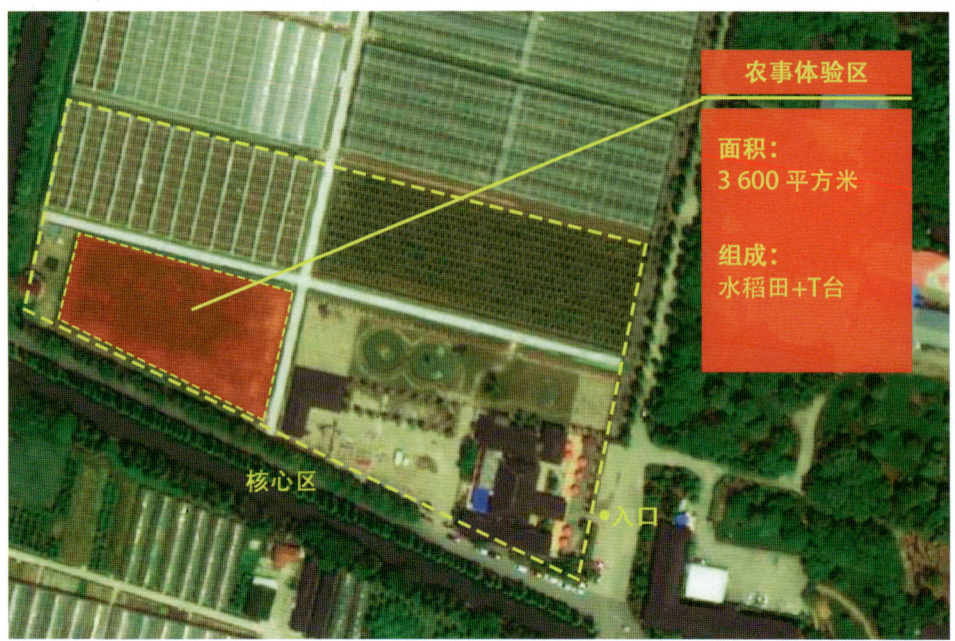

农事体验区位置

农事体验区实景

　　我们当时去考察时，还没到种植季节，不过听李总说这是特意留下的水稻田，可以做各种农事体验，例如，插秧、割水稻、碾米等体验活动，让小朋友们知道食物来之不易，珍惜粮食。

玩沙区位置

玩沙区实景

玩沙区近景

一米菜园位置

一米菜园实景

　　一米菜园,每年收费598元,一家三口全年免费入园,自己种自己收。

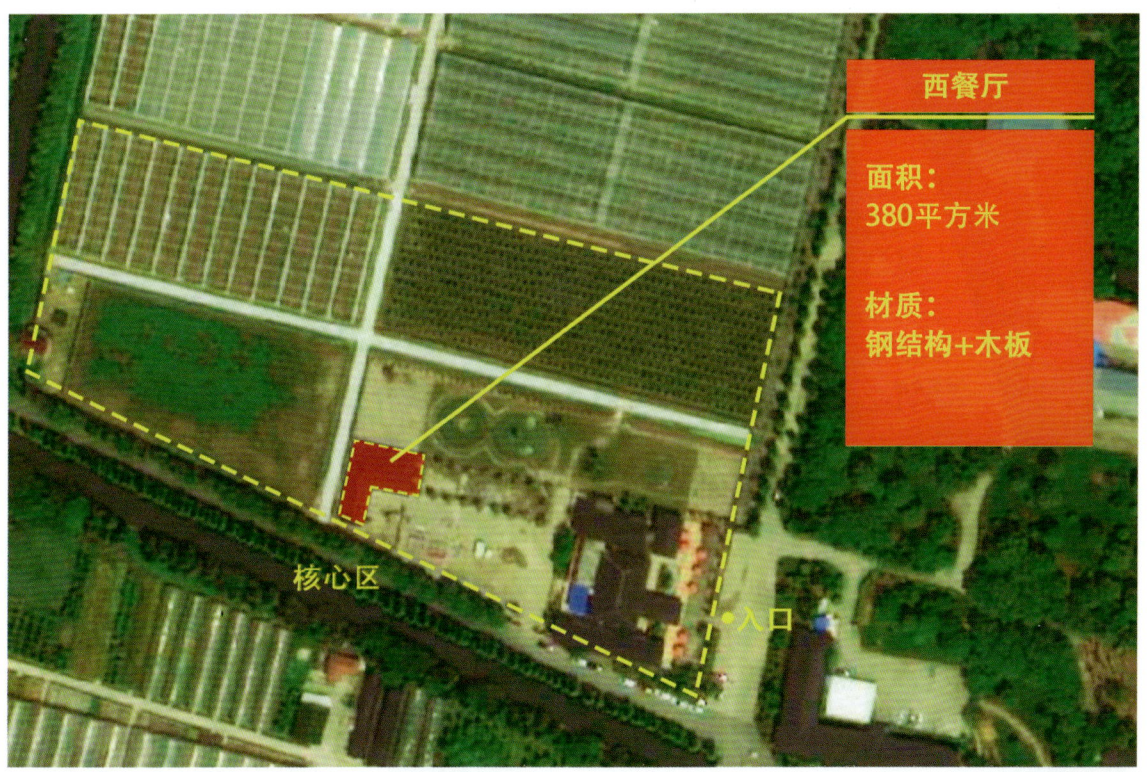

西餐厅

面积：
380平方米

材质：
钢结构+木板

核心区　　●入口

西餐厅位置

西餐厅内部实景

西餐厅轮廓

　　餐厅占地面积380平方米，可容纳120位客人有同时就餐，因为周末人数较多，一般要翻台3次；同时，园区不禁止顾客自己带吃的。

　　餐厅是从原来的车库改建而来，改造费用大概花了20万元。

菜单

蔬菜沙拉

薯条

比萨

可乐鸡翅

牛排

中式套餐

餐厅以西餐为主,有两人套餐和三人套餐,价格分别是 148 元和 198 元。

值得说一下的是餐饮的质量,他们周末会请必胜客的师傅过来做,同时,利用农业园区优势,园区的比萨是果木比萨。

另外,园区也提供中式套餐,39 元 / 份。

尽管如此,餐饮的产能还是达不到,在高峰时会出现排队现象,也有游客反映说只有一种套餐,没法选择。

李总告诉我说,餐饮还占不到园区 10%,只是解决了客户用餐的需求。

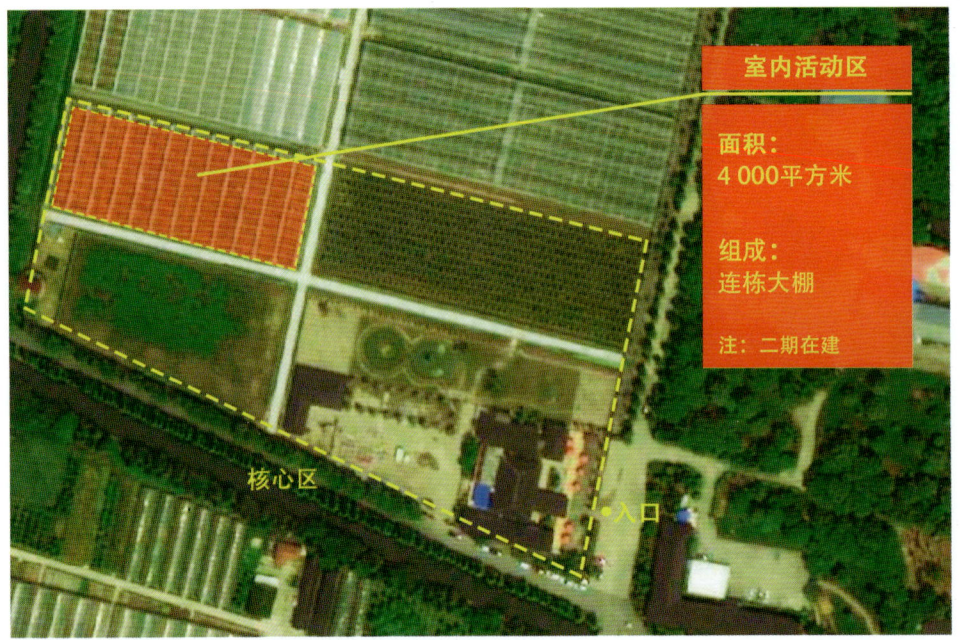

室内活动区位置（在建）

室内活动区实景（在建）

室内活动区是二期在建的板块，占地面积约 4 000 多平方米，建好后里面会有 6~7 个项目。

去拜访的时候还没有建好，听李总说这个造价在 150 万元左右。

这个活动区建这么大，主要是为了满足幼儿园、学校出游需求，特别是学校，他们一般要求整校出游，需要大的室内场地和户外场地。

草坪位置

草坪实景

草坪占地面积约 6 000 平方米，是户外活动的主要场地，也是在建项目，原来这里种的是软籽石榴，同样也是应学校的需求而建的。

小　结

以上就是园区的主要硬件板块：260 亩的采摘板块、40 亩做亲子接待的核心区。

核心区内主要分室内活动板块、室外活动板块和服务配套。

室内板块如乐高积木教室、DIY教室、烘焙教室、阅读区等。

室外活动板块如儿童乐园、露营平台、小动物区、一米菜园、玩沙区、农事体验区。

服务配套如亲子厕所、西餐厅等。

以及为了满足学校需求,并且把园区接待量提升的二期项目:室内活动大棚、大草坪。

这些硬件满足了从散客、小团客到大团客等主要场景的消费需求,具体如何搭配实用,我将在第三部分具体阐述。

二、软件（课程/活动）

硬件是一方面,作为亲子农场,软件也非常重要,但是容易被忽略的一部分,而这恰恰是核心。

吾舍农场运营一年来,主要分三个客群:散客(亲子家庭)、旅行社、教育机构/学校/幼儿园;其中旅行社、教育机构等团客占到75%,而这些团客出行一般需要园区提供课程、活动方案等软件支持。

为了方便大家理解园区的整体运营模式,这一部分只能把园区的课程/活动的框架呈现出来。想要了解园区具体的活动/课程方案的,建议关注农场官方微信"松江吾舍农场",查看历史消息,在活动招募和活动回顾中都可以看到这些消息。

1. 环保课程

序号	课程名称	内容
1	垃圾分类	保护环境:教小朋友识别各类垃圾,并实际操作将垃圾归类
2	植物扎染	认识颜料:利用植物的物理原理,将叶子煮水后浸泡已捆扎的布料、等待自然上色
3	自制酵素	减少垃圾:利用厨余垃圾加红糖溶化水密封储存放置
4	自制有机肥料	生态循环:利用秸秆、草木叶子加水发酵
5	农场植物拓印环保袋	选定树叶:把它们摆在空白的环保袋上看看效果,然后在叶子上涂上颜料,最后像盖章一样将凸面印出来

2. 自然教育课程

序号	课程名称	内容
1	农场压花	通过采集农场花朵,在吸水纸上构图,设计美丽的图案
2	植物标本制作	初步认识农场的各类植物,采集有特殊意义的植株,制作植物标本
3	农场插花课程	爱花、赏花、插花,零基础学习各类花种搭配,制作一件花的艺术品
4	认识一棵树	了解植物的生长环境和生活习性,一年四季植物不同的特点,并通过观察完成植物手绘
5	小小农夫	亲自动手种植蔬菜、种植多肉植物、采摘草莓等各类水果,体会劳动的乐趣

3. DIY 课程

序号	课程名称	内容
1	鲜花台灯 DIY	找到不同颜色的鲜花,粘连在灯罩上,就会折射出不同颜色的灯光
2	植物首饰 DIY	选取需要的植物精心编制一个戒指或者项链、发夹
3	丝网花 DIY	用一根铁丝,一条丝袜,经巧妙构思创作出来的艺术品
4	烘焙达人 DIY	可以通过自己的劳动,做各种好吃的,如蛋糕、比萨、松饼、寿司
5	传统美食 DIY	汤圆、粽子、月饼、饺子、馄饨、重阳糕、南瓜饼、青团

4. 拓展课程

序号	课程名称	内容
1	湿地徒步	探索大自然的奥秘、与自然亲密接触、感受自然的魅力
2	野外生存	体验户外求生能力、靠智慧与勤劳获取食物和生存

园区四季也有自己的主题活动

1. 春季

三生三世——三生三世十里桃花，春天是一个适合赏花踏青的季节，而桃花则是春天浪漫色彩的代表。"去年今日此门中，人面桃花相映红。人面不知何处去，桃花依旧笑春风。"

a. 赏桃花：桃花的美妙不可言，可以站在桃花树下欣赏桃花瓣随风飘散，载歌载舞，吟诗作对，或者静静等待桃花悄悄地落在身上，拍下最美的风景。

b. 制作桃花酿：闻着醉人，品着暖人。桃花酿口感非常好，有淡淡的桃花香，还有酸酸甜甜的山楂味。采摘新鲜桃花并清洗干净，把适量冰糖铺在瓶底，然后再放入适量桃花，密封，放在阴凉处，等待 3 个月。此法操作简单，桃花酿老少皆宜。

四月阳春——百花齐放、枝繁叶茂，风和日丽、鸟语花香，最美不过樱花。活动内容：

a. 赏樱花：樱花如云似霞、满树烂漫，春风轻拂、落樱飞舞，美不胜收。

b. 樱花树下摆茶席：樱花盛开之时，最惬意的便是，樱花树下摆出一道长长流水茶席，约上三五好友、或几个家庭一齐携老带幼在树下休闲畅饮一番，慢火烹煮云南古茶、冷泡古树红茶，清新爽口。

2. 夏季

星空露营——这个夏天玩点不一样的，你需要一个露营体验。黑夜给我们一双黑色的眼睛，而我们用他寻找光明。和我们一起探索星空下的秘密吧。活动内容：

a. 夜间昆虫导览：在黑暗的夜里，大家屏息凝神，一路前行，手电筒的光扫过道路旁的草丛、枝叶、树洞，台阶缝隙等，寻找昆虫的足迹。随着找到的昆虫越来越多，惊喜尖叫声也是不断啊。观察可爱的昆虫可以领略各种昆虫在暗夜里的精彩展示，神秘又有趣。

b. 星空观测：一起欣赏头顶上这一片纯净美丽的星空，找到我们最熟悉的北斗七星、牛郎星、织女星、启明星或者查查最亮的那颗是什么星，思考我们的星座从何而得来等星空中无数个的疑问。

c. 篝火晚会：篝火晚会是草原人民一种传统的欢庆形式，表达了对远方尊贵客人的热情欢迎。选择在空旷的场地点燃篝火人们便互相拉手围着火堆跟着音乐节拍跳起舞、唱起歌。还可以组织成语接龙、诗词朗诵等很多有趣的活动。

d. 露天电影：看一场露天电影寻一段美好回忆。夏季的夜晚是激情澎湃的夜晚，露天电影是几代中国人共有的记忆，让新一代感受 20 世纪的情感。

3. 秋季

稻花香里说丰年——"明月别枝惊鹊，清风半夜鸣蝉。稻花香里说丰年，听取蛙声一片。七八个星天外，两三点雨山前。旧时茅店社林边，路转溪头忽见。"在这片蓝天白云、山村乡野下散发着浓郁的生活气息，让我们感受到了一种恬静的生活美。活动内容：

a. 割水稻，认真学习水稻从谷种、发芽、秧苗、开花、抽穗、成熟到收割的全部生长过程。真真切切地拿镰刀下地割稻子比赛，从不会到割稻子能手，从以为轻松到满头大汗，气喘吁吁，深刻认识"谁知盘中餐，粒粒皆辛苦"的道理。

b. 寻找最美稻穗，大多数人都不知道一棵稻穗上面到底有多少粒稻谷，我们需要寻找最完整，质量最好的稻穗，数一数到底有多少粒。用心就是最好的收获。

c. 碾大米、做米糕，将晒干的稻谷放入碾米机，进行脱壳，刚刚脱壳的大米晶莹剔透、香气十足。把大米磨成粉，加入水、酵母、糖混合均匀，室温发酵一小时，再次拌匀加入抹油的模具中，表面洒少许芝麻上锅蒸20分钟后，凉了脱模。

d. 稻田里灶头饭，当代社会吃上美味很容易，但最原始的美味却很难找到。从源头开始一切都是最简单的，自己动手搭建土灶，寻找也可生火的木材，采摘有机蔬菜或者野菜，用自己碾的新大米做一顿纯正有机大餐，原汁原味同样香到爆。

4. 冬季

草莓大派对——冬季的草莓园带给你一个充满生机的季节。趁天气晴朗，冬日暖阳的日光下，呼吸着农家田园的清新空气，吃着鲜艳欲滴有着"水果皇后"美誉的草莓，冬天不再是灰色的啦。活动内容：

a. 草莓点心DIY，草莓大福是一种美味、口感佳的日式果子，可当茶余饭后的甜点。外层是糯米皮，里面的馅料是草莓。采用有机草莓、糯米粉、糖、盐、淀粉、红豆沙开水等配料。经过和面、揉面、蒸面、包馅料等多个环节，认真细致的完成。

b. 草莓主题活动，采摘草莓比赛，规定时间内采集一样数量质量最好者胜，浪费破坏者倒扣分。通过观察记忆，手绘一张草莓植物的完整照片，规定时间内画的最好最相似者为胜。欢乐套草莓大比拼，现场以草莓为主题的有草莓礼盒、草莓果酱、草莓汁、草莓优酸乳、草莓棒棒糖、套中就可以马上带走，还可以累计换成大礼品、所有人都摩拳擦掌准备大显身手。

c. 新年祈福，新年新气象，增加春节期间节日氛围，组织游客挂上祈福风铃，祈求福佑、寄托心愿。

d. 制作韩国泡菜，精湛绝伦的泡菜大师，会严格把控泡菜的口感。品尝泡菜，参观泡菜的种植基地，选取一棵你最爱的菜，跟随大师仔细完成整个泡菜过程，干净卫生的健康泡菜就可以带回家了。

小 结

设计客户在市区玩不到的活动，这也是活动组织的精髓，例如，刨花生、割水稻、烤红薯等，都是客户在市区享受不到的产品，所以他们才会开一个小时车来农场玩。李总也说，园区的几口压水的水井特别受小朋友喜欢，这比一拧就出水的自来水有意思多了。

专职人员开发课程，园区有两人专门负责设计课程，其他工作人员也可以设计，一旦被采用奖励1 000元；园区每个月至少出一个和本月主题相关的活动方案。农场上班制度也很灵活，利于内容的开发。李总说，除了双休日必须上班外，其他时间不要求坐班，可以在园区里单车溜达，观察素材，寻找灵感，设计活动。园区还外聘了专家，每年来园区6~8次，帮助园区策划活动，培训员工。园区7—8月的夏令营活动也是通过合作引入的内容。

三、主要客户群及对应产品

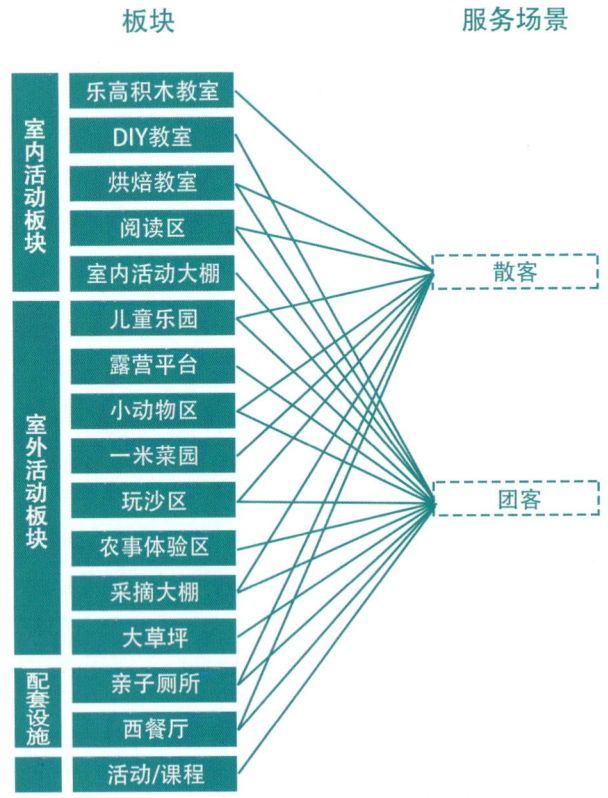

板块与服务场景对照图

前边两部分所提到的一个个硬件板块和一个个活动更像是零部件，而这些零部件的不同组合才是顾客为之买单的产品。

对于吾舍农场，2017—2018年所接待的客户中，散客占25%，幼儿园占15%，教育机构占30%，旅行社占30%。每个客户群，我都找一个代表场景来帮助大家理解。

1. 散客，以亲子家庭为例

到周末了，小明一家计划出游，小明爸是司机，小明妈是向导，小明妈在大众点评上开始查景点，看评价，比较。里面有一家吾舍农场的评价5颗星，看了一下介绍，不仅可以采摘，还有一个儿童乐园，还有西餐厅，心里开始长草，最后决定去这里。

一早8:40出门，导航还比较好找，大概10:00到达农场，有停车场。门票大小同价，35元/人，每人可采摘一斤草莓，大棚内也可以畅吃。

本来想先去采摘，路过儿童乐园的时候小明走不动了，索性让他去出出汗，大概11点左右，连哄带骗地拉着他去采摘了，据说这里的水果经过有机认证，可以安全吃，尝了尝着实不错。采摘的时候特意拔了些草，去动物区让小明喂养小羊和小兔子。

看着12点了，去西餐厅要了一个3人套餐，198元，一个比萨，两份牛排，四个鸡翅，还有薯条和沙拉，味道很赞。

吃完饭小明爸有点累了，带着小明去阅读区看看书，去烘焙房做了一个蛋糕。

这就是散客的主要场景。对于一个亲子家庭来说，首先考虑的是孩子，一个儿童乐园让农场瞬间胜出其他地点；其次，采摘和手工DIY是最吸引女人的，而女人又是出行的最主要决策者；爸爸更多的是充当司机的角色和干苦力的角色。至少消费了303元 = 门票3人×35元 + 餐198元，人均100元是妥妥的入袋。

2. 团客，以某教育机构为例

今天4月3号，某绘画中心带着34个亲子家庭来到农场一日游，因为是亲子游，孩子要带至少一个家长。

上午先在露营平台上完成了今天的"任务"——写生。中午吃完饭后第一个项目是做蛋糕，也是当天最受欢迎的项目，和面、打鸡蛋、加水，蛋糕烤制需要一段时间，小朋友们被带去采摘草莓。

集体活动结束后留了一段自由时间，有的在阅读区阅读休息，大部分则去了儿童乐园。

因为是团队出游，收费由机构直接向家长收，再统一和农场结算。价格在机构踩点的时候已经谈好，价格取决于所选择的项目。

据李总说，团队客户人均消费大概在80~100元。现在有很多类似的教育机构、幼儿园、旅行社、学校都在找场地，有出游的需求。

特别是幼儿园，开学了有开笔礼，升级了有换级仪式，毕业了有毕业典礼等，都有出游需求。

相比其他场地，农场的环境好，消费又不高，户外的环境又很受小朋友喜欢，这都给了农场承接类似活动的机会。

在利润方面，散客的利润率最高，其次是教育机构和幼儿园，利润率最薄的是旅行社。

从出行的时间上看，散客更多选择在周末和公共节假日来园区，幼儿园、教育机构和旅行社也基本如此。从运营数据上也可以看出来，园区平时周末的时候是旺季，工作日相对较清闲。

好，既然工作日清闲，有没有什么客户是工作日来的呀？人家吾舍农场啊，早就想好。前边的一个在建的大棚和一大片草地就是在为工作日客户——学校做准备。

学校出行是集体出行，那就也是团客了，为什么还要单拿出来说说呢？这个中小学啊有自己特点。**首先，他们出行习惯是周一到周五。**而他们一般要求整校出游，最少也是全年级集体出行，肯定需要大的室内场地和户外场地。最关键一点，这学校的学生是一茬一茬的，是个非常好的市场。

四、总结

说到这，很多庄主也就明白了。现在的吾舍农场的产品根本不是那些个果树。采摘只是被当作活动的一个环节设计进去，或者散客的一个附赠，因此，园区种植的水果、蔬菜等在园区内自己消化，种植板块不再是主要业务，而可以理解成亲子游的配套板块。所以，农庄就是一个框，什么都能往里装；农庄就是一块砖，哪里需要哪里搬。

如果你仅仅把农庄当作种菜养猪的地方，那你的产品就是菜和肉，你的竞争对手就是 6 亿农民，你的客户是市里的够也够不着的有钱人。

如果你把思维打开，让它承担更多角色，那你的产品就很丰富了，菜和肉不再是你的主营，而是你的特色，你的竞争对手从 6 亿农民变成城市里的消费场所，你的客户是市里可以够到的一部分有钱人。

乐田家庭农场

一个"社区模式"的典型项目

农场正门

农场实景

乐田家庭农场是一个"社区"模式的农场。

一说到社区,大家心里想到什么了?当然是居住的小区了。那咱们平时居住的小区有什么特点呢?那可多了,比如说,大家住一块;一楼一般都有底商;每年都收物业费。

乐田家庭农场和社区有很多相似之处,农场有个草庐,每位会员一分地,就像我们在社区的房子;农场里提供的有机农产品,就像是社区的底商卖货;农场每年按你菜园面积,收取年费,就好比咱们的物业费;这些都极其相似。**会员之间呢,通过农场组织,或者会员自己组织的活动打成一片,最后谁也离不开这个社区。**

"乐田"模式理解起来有些难度,我之前发表过一篇 1 000 多字的关于乐田家庭农场的文章,结果很多庄主读完还是不理解为什么一分田,每年可以租到 8 000 元,有些直率的庄主说我在吹牛。所以,这篇文章下笔之前我思考了两个多小时,希望能更清楚地表达出来。因为,在我看来,"社区"模式是农庄未来最具竞争力的模式。

农场鸟瞰图

一、项目图解

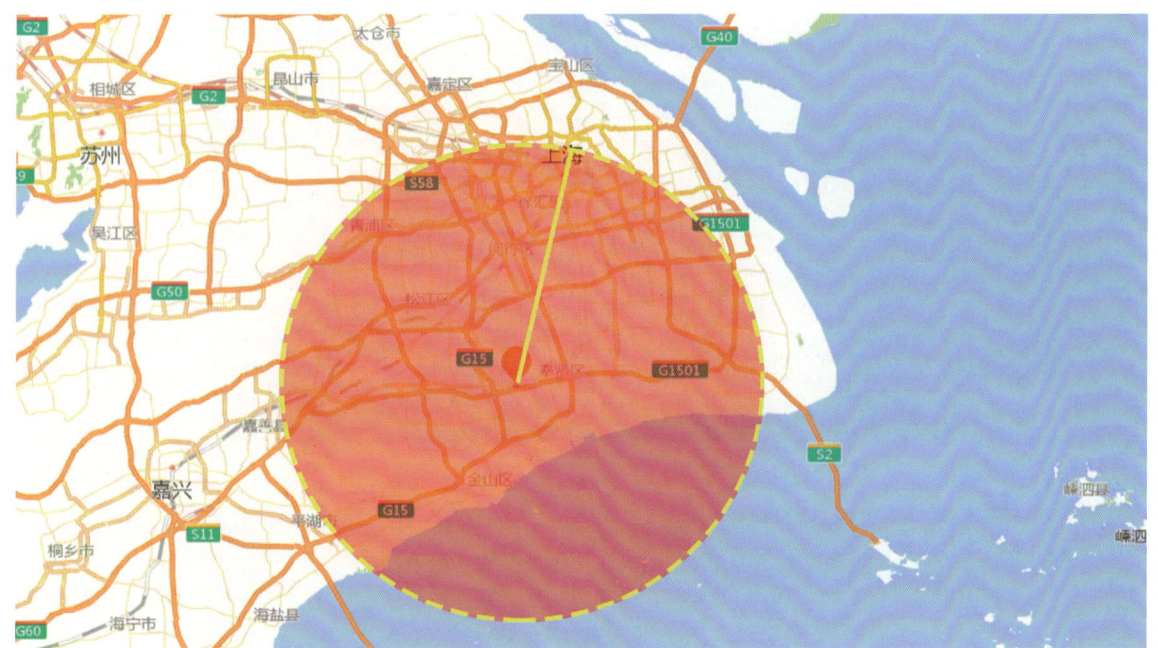

项目区位

乐田家庭农场,也叫乐田市民农园,位于上海市奉贤区,距离市中心约50公里,车程约一个小时,位于上海绕城高速路边上。

菜地花园

另一种风格的菜地小院

小院里的秋千

房前屋后的向日葵

农场划分出300多块8米×8米的标准单元地块，也就是将近一分地，称菜地花园，每个会员家庭都可租一块或几块这样的"自留地"。

这房前屋后，小菜园里任你捯饬，你可以把土地开辟成菜园，也可以种植果树，还可以变成花园，等等。收多收少的都是你自己的。并享受每周4公斤的农场配菜服务。这4公斤是你家菜园之外的菜。

足球场

足球场上露营

足球场上的户外活动

每年的国庆、中秋露营，农场组织会员家庭体验上海郊外的一个夜晚，一起音乐、篝火、放灯、赏月、看露天电影。

周末农场还组织各类会员活动，例如，自然教育、木工、夏令营等活动。

户外游乐园

乐园里的蹦床

乐园里的沙坑

乐园里的无动力设施

自制的设施

乐园里的麦秸垛

农事体验之挖藕

乐园里的秋千

农事体验之挖红薯

农事体验之插秧

种植板块，也是农事体验的板块。可以一起下塘挖藕，一起插秧，一起下地挖红薯。

陶艺工作坊

在陶艺工坊里可以体验完整的陶瓷制作过程:揉泥、造型、彩绘、施釉、烧制。

陶艺工坊内部

多功能厅

多功能厅里包饺子

多功能厅里的DIY

多功能厅里的生日聚会

自制捕鱼工具

鱼塘

鱼塘，可以划竹筏捞鱼，下网捞虾，体验一起动手丰衣足食的生活。

田间道路

环境优美的田间道路,可供骑行和晨跑。

好了,这就是乐田家庭农场的全部硬件。相信,每位庄主努努力都能在硬件上达到这个水平,但并不是每位庄主都能把这群中产阶级家庭吸引过来,让他们喜欢上这里,最终花钱成为你的会员,每年交个 8 000~3 万元不等的钱。

这里边差就差在了社区活动上。社区活动有两类,三方营利机构组织、会员自己组织,他们分别起到的作用是:拉新、转化和留存。

二、主要客户群及对应产品

1. 三方营利机构组织的活动

这类活动,由第三方机构组织,就是农场之外的人组织的,他们到你这开展活动,租用你场地,只给你场地费。而他们从外边组织人,收费用。以某俱乐部 2018 年 6 月在农场组织的活动为例。

时间: 6 月 2 日、6 月 3 日、6 月 9 日、6 月 10 日 (周六、周天)

地点: 乐田家庭农场,奉贤区庄行镇大亭公路 999 号

流程：

09：45—10：00　签到

10：00—10：20　自然探索，夏日农场

10：20—10：50　种玉米

10：50—11：15　挖大蒜

11：15—12：00　插秧

12：00—13：30　午餐

13：30—14：00　自制蒜蓉面包

14：00—14：30　农耕里的汉字文化

14：30之后　　自由活动——沙坑、喂羊喂马、户外游乐场

对象： 3岁以上亲子家庭

人数： 12~20组家庭。

费用： 428元/1大1小；478元/2大1小；826元/1大2小，856元/2大2小（费用含场地费，老师费，材料费，招募组织费，不含餐费）

对于农场来说，拿到的只是场地费，并不高。 但是，这样不怎么赚钱的活动持续举办，农场想得到什么？农场最大期望是得到这群高质量亲子家庭对农场的初步了解。还是那句话，你去百度推广，花了不少广告费，但效果不一定好。而这种方式，不仅拉过来了是一批有钱的，高质量客户，而且，借着三方机构组织的活动，完成了让客户对农场的初步了解。挣钱买流量的事，还是很划算的。

像这样的活动还不止这一家，而且活动不仅限于1天的，还有最多7天的活动都在农场举行， 他们不同时间，一批批的带人过来，让源源不断的新人对乐田有初步了解，成为乐田农场会员的潜在客户和流量入口。

2. 农场会员自组织的活动

这一部分的活动不是农场组织的，而是购买了农场服务的会员提供的。

打个比方吧，这样好理解。咱们把农场想象成大学，每年交会费的会员好比每年交学费的学生，我们都知道大学里有很多社团，也会经常组织社团活动。农场也有，而且这些社团活动有很多相似之处：第一，他**不以盈利为目的；** 第二，**自利利他，** 什么意思呢，既然不图钱，那总得图

个啥吧，图的就是这个活动对自己孩子的成长是有意义的，而且对其他参与者的家庭也是有意义的；第三是共建，我是这个活动的享受者，活动执行过程中的服务人员和带队老师也是从会员里找招募来的志愿者。以乐田童军为例。

乐田童军 2018 年的 3 月、4 月、5 月、6 月的每个周六都组织了如下的活动。

主题：童军体验

地址：上海市奉贤区庄行镇大亭公路 999 号，乐田家庭农场

流程：

09:45—10:00　　　签到

10:10—11:50　　　体能训练（足球）

12:00—13:30　　　午餐 & 童军餐厅

13:30—15:00　　　自然观察 & 种植

15:00—16:00　　　兴趣课程（木工 & 陶艺 & 科学实验等）

为什么说是不盈利的活动呢？同样是一天的活动，乐田童军人均 100 元还含午餐；刚才讲到的三方机构组织的活动价人均 200 多元，且不、含、餐！所以，乐田童军并无什么利润空间，目的也并不是盈利。

既然不盈利，那图个啥呢？据乐田童军的发起人说，她是一个 70 后，成长于中国快速巨变、理想主义与现实主义思潮激烈交战的时期，受过良好高等教育的上海新移民。

他们认为教育的根本核心在于家庭，父母与孩子不是塑造与被塑造的主客体关系，是共生在同一片家庭生态系统里的协同成长体。

做这个童军是希望不愿被周遭弥漫的各式教育焦虑洪流盲目裹挟，这些在上海缺少天然的亲缘关系支撑的新上海人特别需要与城市中相似背景和家庭教育价值观的家庭建立联结。

他们想要让孩子在自然中感受到自然生命的力量，让父母成长为值得孩子模仿的榜样。这些高度参与的家长完全敞开、取长补短、互相温暖，协同成长，同时用自己的行动滋养孩子的成长。

总结一句话：教育孩子，这就是这个社群活动的目的。

那，说了半天，这个活动的作用：转化和留存是怎么做到的呢？

先来说说转化。

活动招募中有一个细节"乐田童子军实行会员制，目前有 20 个长期会员，因团队运营能力有限，也为保证活动质量，每次的名额是 2 个，先报先得。这方面没有限制，只要有名额，欢迎新老朋友经常来体验童军活动。"

这个细节可以说明，参加童军的大部分是会员，个别是新人（包含三方机构拉来的新流量）。

在活动过程中，新人家长通过参与会员家长组织得这么有教育意义，了解农场，了解了这个群体，认识了这个群体，最终有意愿融入这个群体，成为社区会员。这不就起到了转化的作用了吗？

那留存相对好理解一点。**留存，留下来，重复购买，您今年交钱成为会员了，明年还交钱，这就是留存。**

服务老会员，增加社区黏性。像乐田童军的活动不限于这一个主题，还有陶艺、骑行、徒步、自然教育等，**这一场场的活动交织出一个有温度的自然社区。**

最终，形成一种什么状态呢：乐田家庭农场之于它的会员，会有一个家的感觉。说一个人"想家了"，他想的不单单是钢筋水泥结构的房子，更多的是房子所承载的人和事。不理解这一点，很难理解乐田模式。

而乐田家庭农场值钱的地方不是那一分地，也不是他们的小房子。而是他们共建共享的自然社区，也是承载社区会员共同记忆的地方。

活动，会员自己组织了，好你乐田家庭农场在这里扮演的是什么角色呢？农场的主要任务是发掘社区中有价值的活动，利用农场的公众号、场地、人员等去帮助这些活动落地。活动组织好了，社区有价值了，农场自然也就有价值了。

三、模式解读及要点分析

不知道这次我表达清楚没有。您要还不理解，没关系，我继续从另一个角度说明一下。

乐田模式的关键在于针对客户需求的价值创新。那什么是价值？潘博士说，他理解的**价值是能够给一个地方或一群人带来积极的改变。**他说："其实我很享受这个过程，感觉过得比同龄人要充实幸福很多。现在有好几百个市民家庭加入我的农场，一起散养孩子，享受自然和人的和谐。我很自豪能改变这片土地，创造了社会价值"。

那乐田创造的客户价值又是什么？潘博士在谈到自己为什么做这个农场时说过："都市快速的生活节奏和高度的工作压力，让人们非常向往周末和家人一起的休闲的时光。同时食品安全和独生子女封闭式教育也是他们关注的问题。和这些城市白领一样，我对绿色生活的向往与日俱增，特别是女儿出生后。为回应这一需求，在朋友介绍下，我和爱人来到上海的奉贤区，利用业余时间开始创办农场"。

从这段话，我们可以提炼出乐田模式的三个价值：周末休闲、子女教育、安全食品。

马斯洛需要层次理论，把人的需要分成五个层次，只有当低层需要被满足时，高层次需求才会被释放出来。

生理需要，在农业上对应的是吃饱，这一点传统农业就可以满足。

可是有一部分人不仅要吃饱，还想吃好，吃得安全，于是安全的需要出来了，现在的有机农业可以满足，但是安全食品的成本高（包含生产成本和销售成本）。

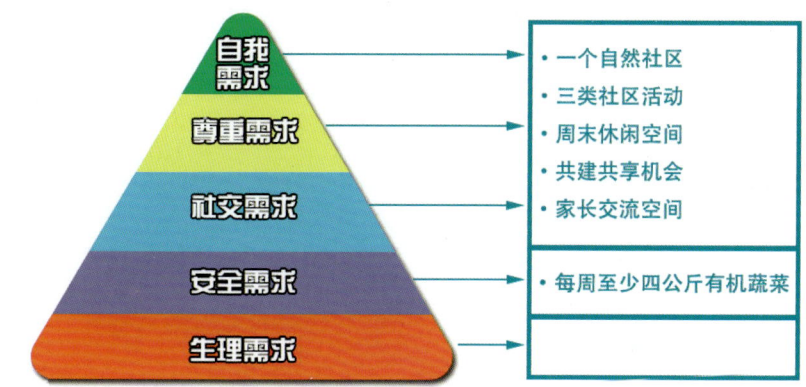

乐田客户需求及产品对照图

人酒足饭饱后，要呼朋唤友，要一耍，也就是社交需要。对应到乐田家庭农场，就是一群对子女教育要求更高，需要交流、提升的亲子家庭。而子女的成长同样需要社交的因素。

社区的共建共享，让家长们有了被尊重和共建过程中实现自我的机会。小朋友们在自然社区中也收获友谊，锻炼了团队意识和合作精神。

乐田模式最成功的地方是把客户需求产品化了。乐田家庭农场是社区的载体，只有在这个自然社区里才能享受到安全的农产品、丰富的社群活动、小孩子共同成长的自然空间、周末的休闲空间，**而成为社员的门槛就是"一分田/8 000元"，农场则成了实质上的"农业物业服务管理公司"**。

有人会说，这样的做法怕是只适合北京、上海、广州这些一线大城市吧，坦白讲如果想原封不动复制一个，那确实不适合三四线城市。但我希望大家看完这个案例，不是去复制它的具体做法，而是学习它的思维模式。

软性的活动是整个农场的核心，所以，我整理了乐田家庭农场12个活动方案，都是他们之前做过的，需要的朋友可以免费领取，**关注公众号：农未来，直接回复：乐田家庭农场**，就可以看到了。

小顽国亲子农庄

核心区 100 亩地,年营业额 1 200 万元,一个"农业+自然教育"的项目

小顽国入口处

小顽国局部航拍图

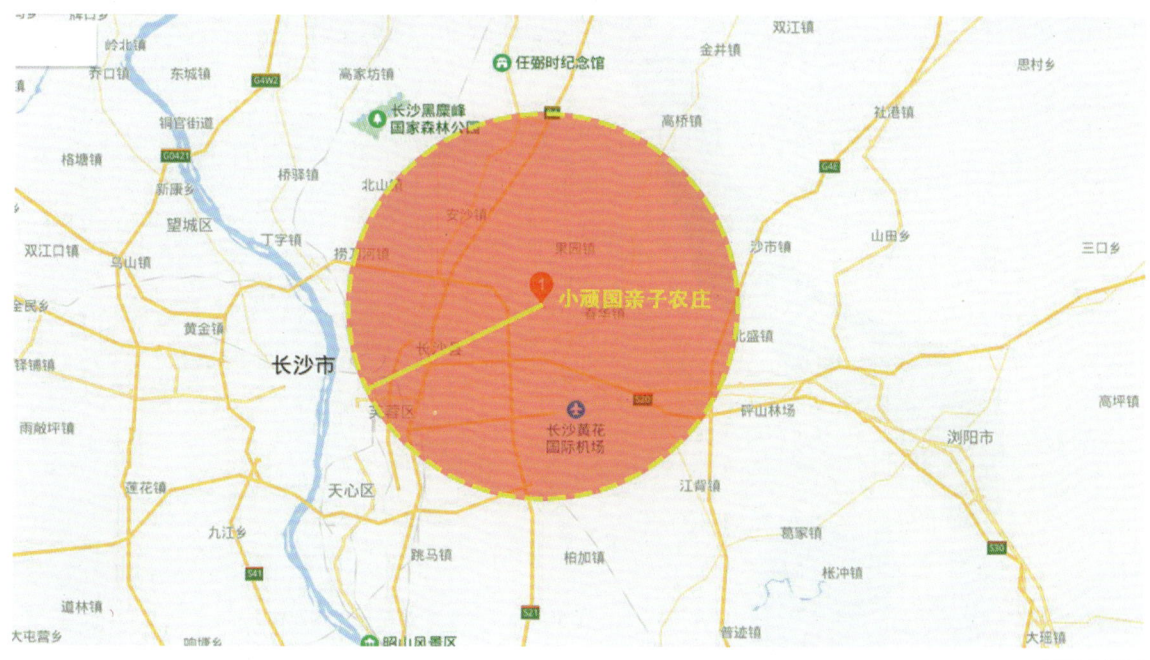

项目区位图

小顽国亲子农庄，是一个"农业+自然教育"模式的农庄。

农业是一开始的主业，干着干着成了副业，而自然教育成了这里的核心。 从2008年就开始做有机农业，创始人雷宏告诉我，十年了，有机农业没有拿回一分钱，直到2015年农场开始转型做自然教育，项目才开始盈利，现在每年可以接待亲子游客8万人，营收1 200万元。

一、项目图解

这是小顽国亲子农庄的平面图,总占地面积 1 200 亩,其中,图中绿色部分为原来就有的有机农业区(500 多亩),绿色部分以北是未开发的部分(500 亩),绿色部分以南的部分则是用于自然教育(100 多亩),也是整个项目的核心区域,我们接下来只讲做自然教育的板块。

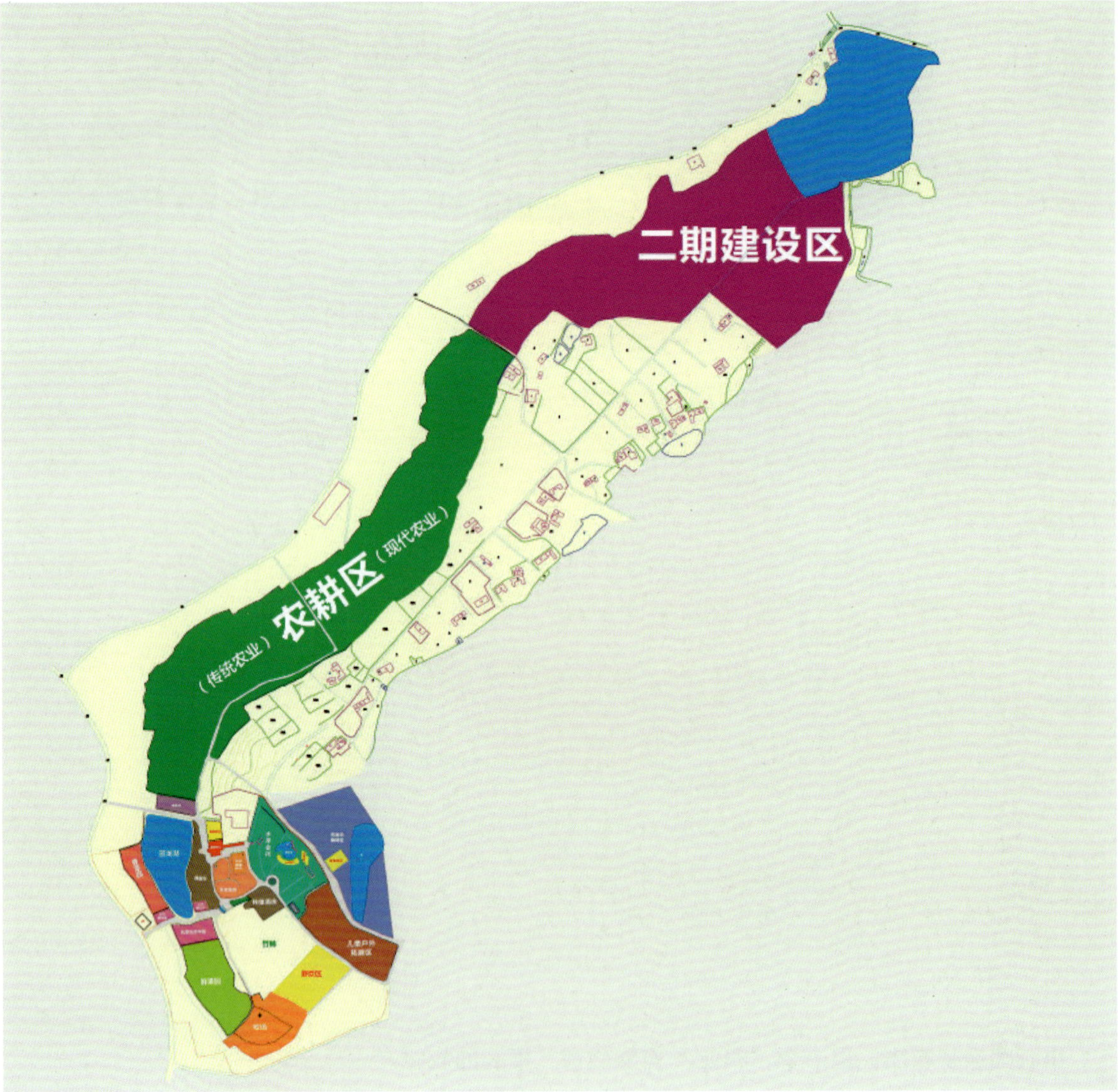

项目平面示意图

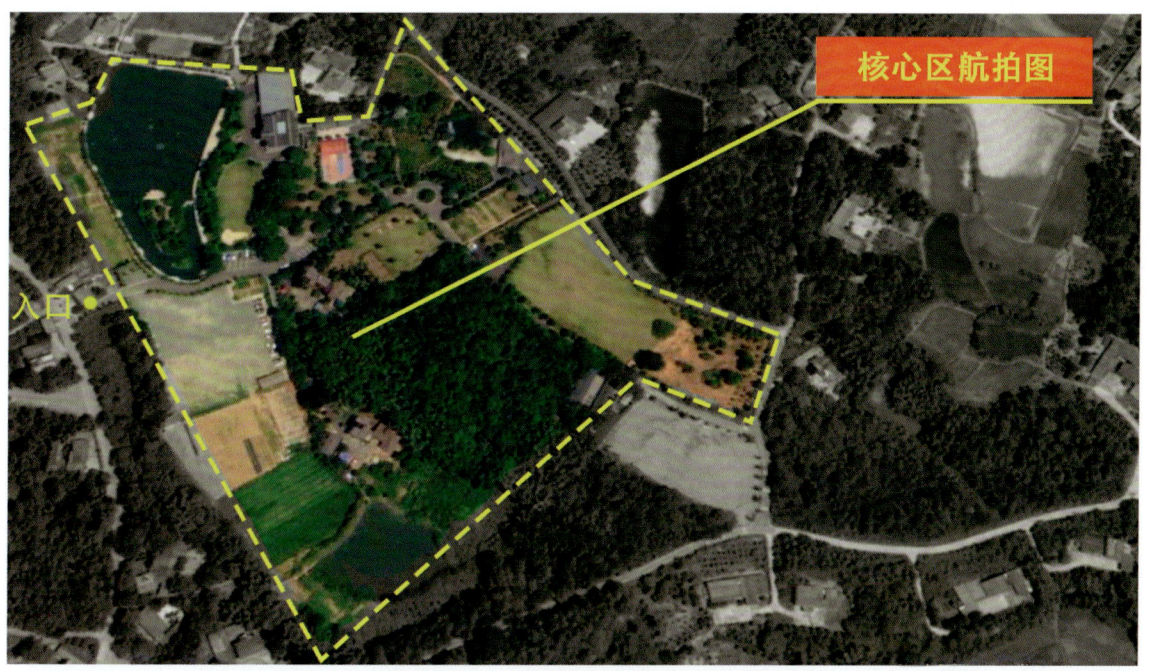

核心区航拍图

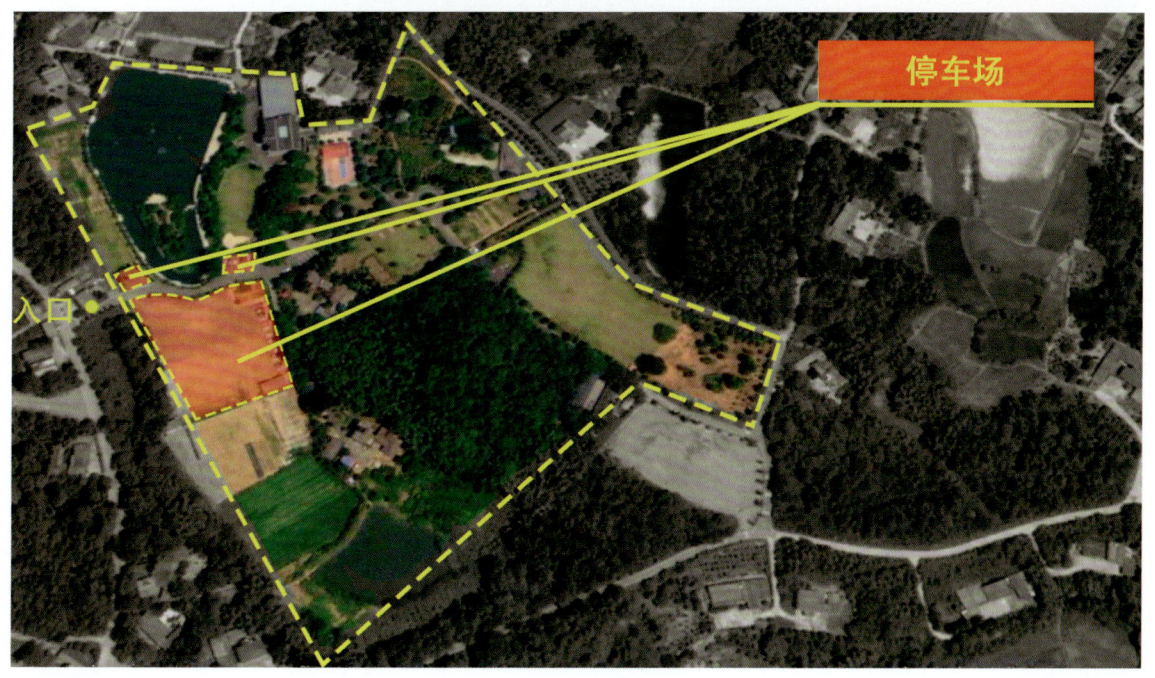

3个停车场位置

都说南方的园子比北方园子颜值要高,经过几番考察对此深表赞同,而小顽国就是南方园子的颜值担当之一,图上圈起来的这部分是咱们主要讲的核心区,占地面积100多亩。

停车场一共3个,总占地面积约5 000平方米,北边有2个小停车场用来停大巴车,南边1个大的停车场用来停放私家车。

最大停车场航拍图

停车场是沙石路面

停车场把停放大巴和停放私家车分开还是很明智的，大小车之间相互不影响，大巴车乘客上下车更安全和方便。

从停车场的规划大概能看出园区的客群特点，团队和散客都有。从创始人雷总那里得到确认，团客散客都有，目前是以团队为主，但是后期会为散客优化园区硬件和产品。

检票口位置

检票口实景

停车场里出来往里走便是园区入口——售票处和检票口。

售票和检票主要针对散客设立的，门票 30 元/人，团队客户虽然也从这个门口进，但因为价格、消费项目、人数等都是提前谈好的，所以团客并不需要在这里单独买票和检票。

你可以注意到售票口所在的墙面，是彩绘过的，照片没有拍到其他部分，其实从停车场到售票口之间的围墙都是经过彩绘的，把"小顽国"这个形象和 Q 的风格勾画出来了。**让游客未进其门，先入其境。**

绿茵谷位置

绿茵谷航拍图

绿茵谷上组织的亲子活动

绿茵谷上的草坪婚礼

绿茵草坪，由 1 200 平方米草坪和 100 平方米沙坑组成。

草坪主要用作团客的户外活动场地，例如，亲子活动、幼儿园毕业典礼、婚礼等。

绿茵谷设计得非常巧妙，三面有树环绕，只留北边一个作出口，是一个相对封闭的空间。这对于幼儿园的毕业典礼、新人的婚礼等场景来说是一个舒适的环境。

还有一个妙处，这片草坪离检票口和餐厅都很近，应该是使用率较高的一个板块。

自助餐厅位置

自助餐厅建筑实景（左侧一层）

就餐的亲子团队

自助餐厅作会议室

自助餐厅做毕业典礼场地

自助餐厅占地面积约600平方米，说餐厅其实并不准确，因为除了吃饭，还有很多功能，如会议培训、幼儿园毕业典礼、影视拍摄场地等。

餐厅后边就是卫生间，兼洗手功能，这一点特别重要，人们餐前一般要方便、洗手等，而且时间比较集中，所以，一个餐厅旁边要放一个大大的卫生间。

餐厅的空调很足，硬件条件比一些"温室大棚"要好很多，当时我们是6月底去的，天气已是很热，进去之后不想出来，感觉很好。

接待中心位置

接待中心轮廓

拓展房（接待中心三层）

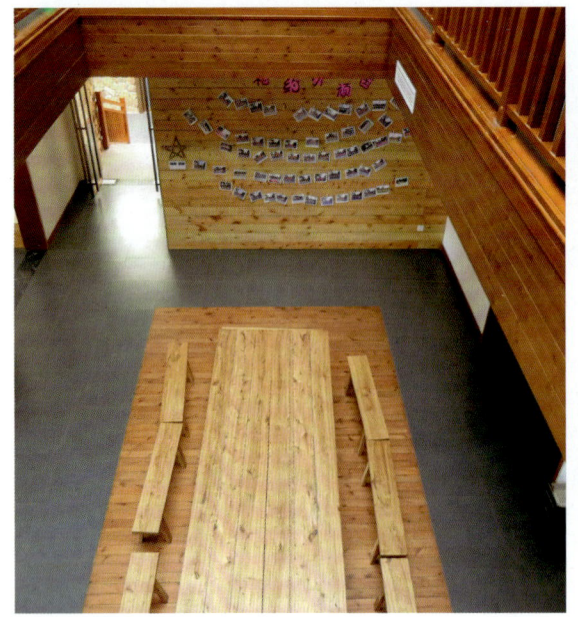

室内手工教室（接待中心一层）

农牧房（接待中心三层）

手工房（接待中心三层）

农耕房（接待中心三层）

民俗房（接待中心三层）

接待中心共三层，每层面积约400平方米，其中一层是室内手工教室；二层为办公室和会议室；三层有5个亲子房间，分为5种风格，每间可以住4个大人2个小孩，每晚998元。夏令营期间也会给夏令营的小朋友们住。

乐乐操场位置

乐乐操场航拍图

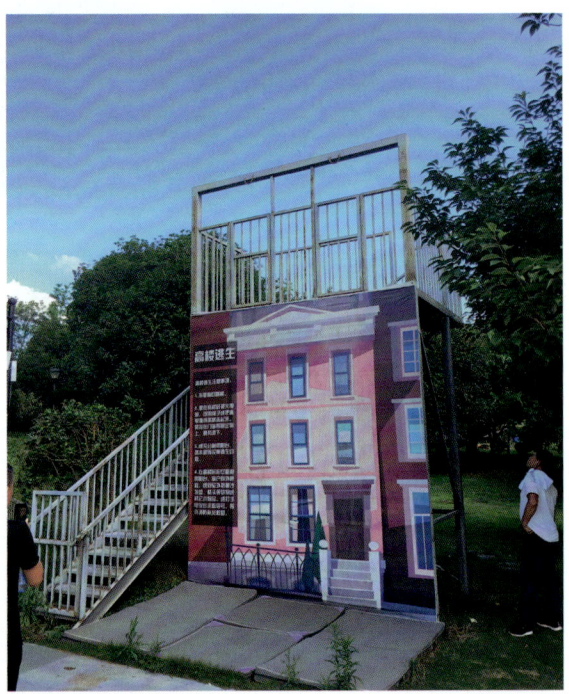

乐乐操场之安全教育1

乐乐操场之高楼逃生

乐乐操场之安全教育2

乐乐操场与接待中心相邻，占地面积约500平方米，设置有高楼逃生、消防演练等项目，是安全教育的场所。

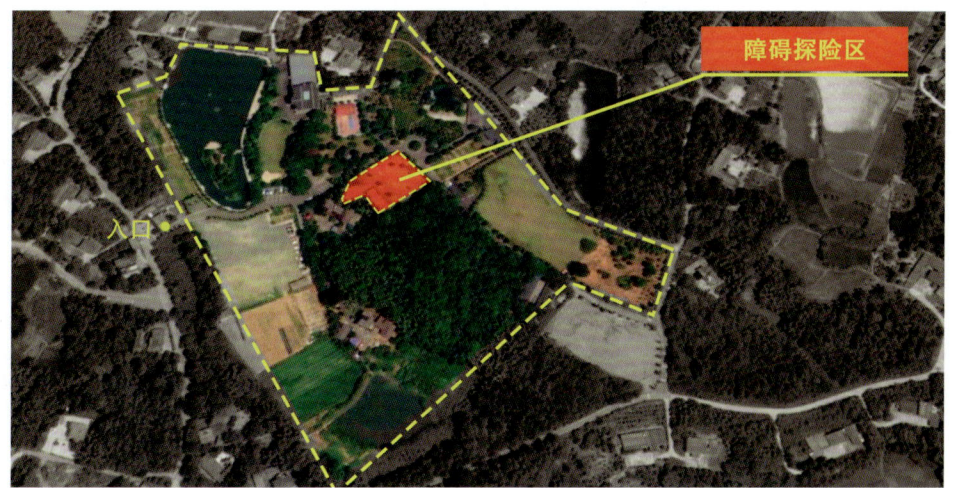

障碍探险区位置

航拍图

设施1　　　　　　　　　　　　　　　　　　设施2

设施 3

设施 4

设施 5

设施 6

设施 7

设施 8

　　往里走是障碍探险区，占地面积约 1 500 平方米，从航拍图上可以看出来，中间草坪，四周分布着一些无动力游乐设施。如秋千、翻山越岭、蟒龙阵、独木桥、梅花桩、晃荡板等。

　　无动力游乐设备可以部分代替人工，无论是团队客户还是散客，这样一片场地都是标配。

儿童户外拓展区位置

航拍图

近景

大型亲子活动现场

CS 现场

安全教育现场

军事活动现场

　　园区最里面的一块活动场地，可以理解为一片更大的草坪，占地面积约 5 000 平方米，可以承接一些更大型的亲子活动，如亲子运动会、打水仗活动。

　　摆上野战装备就成了 CS 场地，摆上烟雾逃生装置（模拟）就成了应急救援的场地，拉上网成了军事题材的场地。

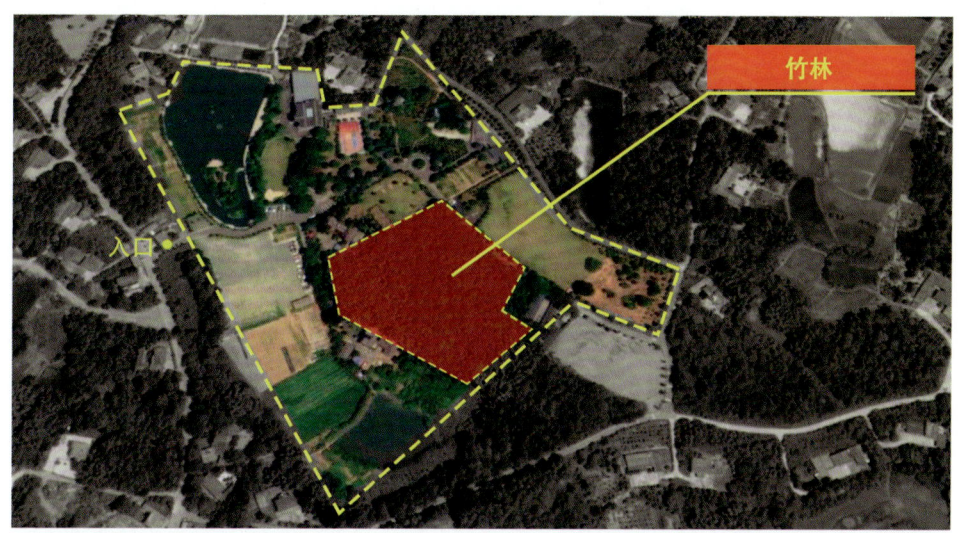

竹林位置

竹林里的自然教育 1

竹林里的自然教育 2

竹林里的自然教育 3

大片草坪旁边是一片竹林，14 000 平方米的竹林，是开展自然教育最好的场地，农场的森林课程很多在这里进行。

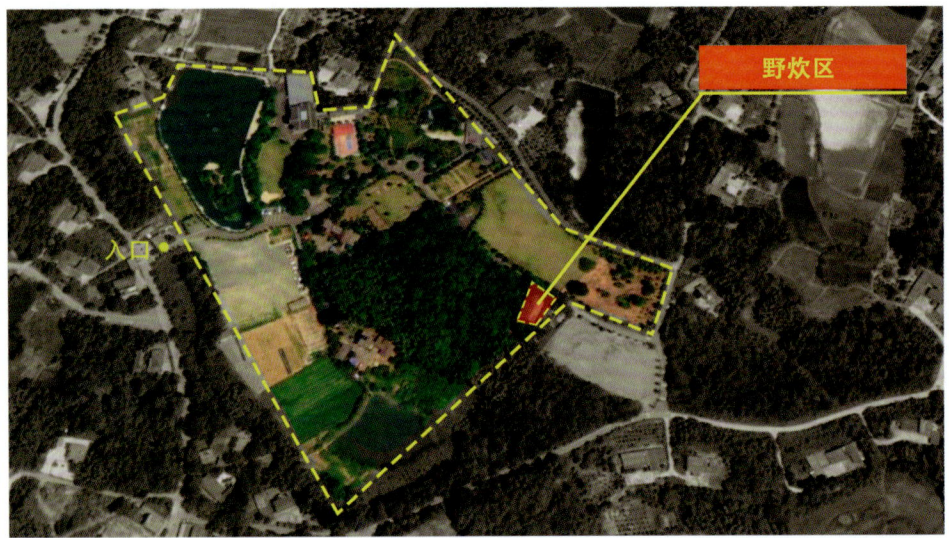

野炊区位置

野炊区实景

野炊区分土灶和烧烤两种，团队客户特别亲子团体很喜欢这种餐饮体验。

以上，就是小顽国的主要板块。上边，即使中间配合着图片，做了一些解说，不过，相信大家对于农场具体是面向哪些人群，提供了什么产品，又是如何搭建组织机构等问题还是不太清楚，没关系，下一部分重点解读。

二、小顽国是怎样炼成的？

这里先思考一下，既然农业不赚钱，自然教育是主业，为何不把农业板块直接拿掉，只做自然教育呢？雷总说，一产是根本，二产增利润，三产带人流。不同板块有不同板块的阶段性作用。

有机农业、自然教育，一个育苗一个育人，看着类似，实则不同。转型3年以来，雷总还是积累了一些成熟经验的，他说**企业开门三件事：要先弄清楚为谁服务（客户在哪）？用什么去服务（产品研发）？谁去服务（团队组建）？** 这篇文章我也将围绕这3个核心问题来展开。

1. 小顽国在为谁服务（客户在哪）

如果你第一次听说"小顽国"这个项目，你会联想到它的服务对象是谁？心里想一下，没错，它定位的就是小朋友。

雷总说，最初对于客户选择，也有很多朋友给建议，大致有3个选项：老年人、企业团队、孩子。

最终他们选择了孩子，更准确地说是幼儿园和小学这个年龄段，因为中学生忙于学业，出行需求并不旺盛。另外，长沙市有着庞大的市场基础，仅幼儿园就1 700所，小学生的基数更大。最重要的是，有孩子的家庭出行意愿更强烈。

其实，早期农家乐是万能的，老人来田间地头散散步，男人们过来钓钓鱼，女人们过来采摘个水果，客户群覆盖面越大越好，最好是男女老少一锅烩。

"万能"的策略确实成就了一批项目，但是也毁掉了一批项目，因为随着社会发展，人们的要求更高了，要求更专业化的服务。而新上的项目，还按原来的老思路开展。结果是，同质化的项目越来越多，而市场酝酿已久的新需求得不到满足。

小顽国把客户聚焦到孩子上，所以它的名字是童心未泯顽皮小猴，房间是适合亲子家庭的套房，草坪也是适合孩子们玩耍的户外场地，自然教育更是专业化服务小孩子的内容，园区把所有对小朋友有安全隐患的地方做过专门处理。**只有客户聚焦了，服务和产品才能更有针对性，更专业化，也只有这样才能有竞争力**。试想，作为幼儿园园长，在决定秋季户外活动时，你更倾心于小顽国还是传统农家乐？

当然，聚焦的前提是足够的市场基数，小顽国是面对长沙这个省会城市的消费人群，巨大的市场可以支撑起这样一个专门为小朋友服务的项目，那如果你是在1个人口只有20万的小县城，幼儿园小朋友总共不过5 000~6 000人，出行预算总共不过50万，你花500万建个这样的项目，什么时候才能回本啊？

所以，我们在选择客户时，一方面要有聚焦的意识，另一方面，也要考虑市场的规模，精确的把握聚焦的尺度。

2. 用什么去服务？（产品研发）

有了精准的客户定位，接下来最重要的就是把目标客户研究透，提供合适他们的产品。

客户研究： 虽然是亲子农场，服务的主要对象是孩子，但是掏钱的是家长，家长作为产品的购买者和最后的评价者，起到至关重要的作用，所以第一要重视的是家长的需求。思考一下，家长的需求是什么？是让孩子出来吃顿好饭？还是让孩子痛痛快快地玩一身汗？还是别的更重要的东西？雷总给出的答案是"有意义"。**家长为了小宝宝，一不怕累、二不怕贵，最怕出来一趟没啥意义。所以，小顽国主打"自然教育"，让孩子回归自然、了解自然、尊重自然，让孩子可以在自由探索中学习而不是躲在屋里玩手机。**

春秋游是幼儿园组织的，夏令营是机构组织的，社会实践是老师决定的……这些都是小顽国的主要客群。家长是产品购买者，评价者，却不是决策者。这就引出另一个重要角色——KP(keyperson)，也就是团队客户的决策者。

3~6岁的幼儿园孩子，他们的时间掌握在幼儿园老师手里；7~12岁的小学生，他们的时间掌握在学校老师手里；而3~12岁的孩子又在正常学习之外参与一些诸如绘画班、骑行俱乐部等机构……而上述团体客户，无一例外，每年都有一些外出的需求。

春/秋游	66%
毕业季	5%
夏、冬令营	5%
成人拓展	7%
培训	3%
第三方合作	9%
其他	5%

客户类型及占比

从小顽国的运营数据上可以看出来，一年四季都有一些出行，春天有春游、6—7月有幼儿园毕业季、夏天有夏令营、秋季有秋游、冬季有冬令营等。小顽国每年有1 200万的营业额就是出自这些场景（营业额不含有机蔬菜的部分），为方便大家更准确的了解这部分核心内容，我计划把主要的出行场景各拿出一个实例来具体分析，帮助大家理解。

场景一：春/秋游

以常青藤幼儿园今年 4 月 1 号（周日）在小顽国组织的春游活动为例。

参与班级：宾夕法尼亚四班、宾夕法尼亚三班、宾夕法尼亚二班

人数：约 70 人

出行方式：大巴车

收费方式：亲子套票价 298 元（一大一小），每个家庭增加一人，加收 100 元。（套票含活动及中餐野炊食材）

具体流程

07：40—08：10 集合

08：10—09：10 大巴去往小顽国

上午

班级合影

草坪游戏之贪吃的小蛇

喂鱼

种豆体验

室内活动之拓染

中午

丛林野炊

下午

春游总结

14：00 返程

活动图片

大门口合影

草坪游戏

小顽国亲子农庄

喂鱼

农事体验之种豆

171

植物拓染

午餐野炊

春游总结

小　结

对于幼儿园来说，只是让老师周日加班组织了一下，对内增加了家长之间的互动交流，对外起到了宣传的效果，最后的总结分享升华，增加了家长们对幼儿园的认可度。

对于家长来说，虽然花了 300 元，但是能在春季带孩子出来接触大自然，也是件美事。

对于农场来说，只是利用自己场地策划了活动方案，仅此一个团队客户就产生了上万的营业额。

像这样的春游，可以从 3 月一直持续到 6 月，首先以幼儿园来的最多，其次还包括各教育机构、中小学、社会团体等。

在这 3 个多月里，春游的活动方案不止这一个，还设计有清明节活动、奇妙的蚂蚁世界、劳动最愉快、玩转六一等主题活动，这里不一一介绍了，想了解的朋友也可以关注公众号"小顽国亲子农庄",历史文章里有各活动的详细介绍。当然,农庄也会根据团队客户的个性化需求,来定制活动方案。

场景二:夏令营/冬令营

夏季天气炎热,再加上学生放假,所以农庄进入淡季,这时办一些人数虽少,但客单价比较高的产品是一个必要的补充,这就是农场另一个重要的场景——夏令营。

以小顽国今年 8 月 8 日—11 日组织的"小顽国儿童艺术建筑营"为例说明。

主题:小顽国儿童艺术建筑营之荷兰国——风车木屋

时间:8 月 3 日—11 日(4 天 3 夜)

参加人数:30 位

适合年龄段:8~12 岁

定价:2 980 元(第一批半价)

流程:

第一天	
时间	活动项目
上午	1. 集合签到 2. 画出自己梦想中的小屋
下午	1. 木屋设计课堂 2. 疯狂水世界 3. 丛林野炊
晚上	1. 星空电影 2. 快乐分享

第二天	
时间	活动项目
上午	木屋搭建第一课
下午	木屋搭建第二课
晚上	1. 户外野餐 2. 黑夜寻宝 3. 快乐分享

第三天	
时间	活动项目
上午	1. 木屋搭建第三课 2. 美术课堂一
下午	1. 美术课堂二 2. 木屋的新装(上色)
晚上	1. 篝火晚会 2. 快乐分享

第四天	
时间	活动项目
上午	结业典礼,颁发证书

活动流程

活动照片：

第一天：小小设计师

导师做知识讲解

绘制

点评

第一天的内容包括开营仪式、营地游戏、专业讲座及梦想小屋绘画。

陌生的环境会让孩子从视觉、听觉及触觉上获取更多未曾接收过的信息，所以，通过开营式是希望让孩子熟悉自己合作的小伙伴；对孩子进行适当的指导，让孩子去想象、去创作。

"工作"很重要，玩耍也很重要。结束了第一天的学习之后，孩子们将参加打水仗、户外野炊、露天电影等环节。

第二天：小小建筑师

知识讲解

导师演示

学生实践

安装

组装

建筑营团队合作竞赛模式将正式开启，孩子们将在规定的时间里完成木屋的组装及搭建。

从认识工具开始，画线、锯木板、安装、开孔等，拧螺丝、榫卯、加固一步步在缓缓地进行着，承载着众人期待的木屋悄然形成。

第三天：小小彩绘师

彩绘相关的知识讲解

导师演示

学生实践

共同工作

完成后的作品

孩子们首先会进入到美术课堂，为木屋设计件"漂亮的衣服"。完成草图后，纷纷拿起画笔将梦想的元素绘制在木屋上。

第三晚的篝火晚会

第四天：结营

学生代表发言

颁证

合影

第四天，是小顽国儿童艺术建筑营结业的日子，小代表发言致辞、颁奖典礼、依依不舍的和"地球村"的小伙伴告别。

小　结

夏令营解决了孩子暑假安排的问题。因为小朋友放了暑假，可家长们还上着班，所以这解决了暑假家长带小孩的问题。

夏令营是农庄淡季产品的补充。暑期，天气炎热，各种团都不愿意来了，可是农庄的房子还在那，农庄的草坪还在那，农庄的大厨还在那，闲置等于浪费。所以，夏令营的引入可以把闲置资源用起来，夏令营的人数虽然不多，但是客单价够高，是淡季产品的一个重要补充，从上边这个案例来看，营业收入 47 400 元 =1 580 元 ×30 人（第一批半价），相当于一个 300 人的亲子团一日游的营收。

小顽国不仅有自己的夏令营，也承接其他机构组织的夏令营，为其他夏令营组织者提供场地。

像这样 4 天 3 夜的夏令营需要 3 个专业的老师，这些老师从哪里找？这里介绍一下小顽国的做法——百师计划。他们招募 100 位大咖讲师，只要能提供孩子们一堂有趣的课，无论是科普、手工、烘焙、艺术等都可以，小顽国就送无限次免费入园，用这种方式**把客户里的高人筛选出来，反过来服务客户。**

不过夏令营一般要求有住宿，只是小顽国的住宿条件太好，而床位不够多，这一点也限制了夏令营的接待上限。

场景三：小顽国森林学校

夏令营，小朋友可能一年来参加一次；春/秋游，小朋友是一年参加两次的产品；森林学校则是一年参加十次的产品。也是未来亲子农场更亲密的绑定幼儿园的一种产品形态。

小顽国森林学校，从 3—12 月，每个月都有一个主题的森林体验课程。

小顽国森林课程的主题

主题范例	课程内容将涵盖	
寻找"树爷爷"之旅	森林探索	昆虫世界
竹子的秘密	森林植物	一米菜园
和"雨神"做游戏	森林工具	野外求生
蚯蚓日记	森林工匠	森林探险
夏日瓜瓜乐	森林急救	奥林匹克

(续表)

主题范例	课程内容将涵盖	
奇妙的蚂蚁世界	森林科学	森林动物
飞翔的精灵	森林艺术	森林气象
大自然的音乐会	森林木工坊	食育课堂
棍子的魔法	森林陶泥坊	田园农夫
生命与水	森林戏剧	家庭主题亲子教育

以 4 月的主题"竹子的秘密"为例，

主题：拜访大树爷爷，探寻竹子的秘密

适合年龄段：3~6 岁幼儿，接受森林教育理念的幼儿园和家庭

收费：298 元 / 一个大人一个小孩，加一个大人加 100 元

课程内容：

09:30—10:30

1. 我们都有自然名

2. 森林游戏"森林着火啦"

3. 寻找大树爷爷

4. 我的竹子朋友

10:30—11:30

1. 学习野外取火技能，挑战生火

2. "竹饭飘香"：制作竹筒饭

11:30—13:30

丛林野炊，和孩子一起动手，自给自足制作午餐柴火饭

13:30—14:30

1. 学习手锯的使用

2. 练习锯、锉、磨等木工技能

3. 打磨自己的水杯或竹筷

14:30—15:00 庆祝分享

15:00—15:30 动物喂养

15:30—自由活动或返程

小　结

这一天的活动看似与春秋游没什么区别，时间都是一天，收费都是 298 元 / 一个大人一个小孩，适合的也是幼儿园 3~6 岁小孩子，但是，这个产品与一日游产品有非常大的区别。

森林幼儿园在发达国家已经成为一种成熟的产品和体系，而在国内还只是一个概念。

在国内更多的是幼儿园一周的一天放在森林里上，或者一月的一天放在森林里上，成都的花溪农场，郑州的弗雷德森林学校都是采取这种方式，作为幼儿园课程的延伸部分，通过森林环境的课程，开发孩子的想象力与创造力，提升自尊自信与独立性，实现各领域的全面发展。

这类"教育"产品，解决了客户复购的问题。一般情况下，一个幼儿园来你这里春游一次，三年内不会再来第二次，因为对于旅游产品，复购会引起家长的意见。可是，如果是把农场作为幼儿园的户外教学场地，你是来通过大自然来接受教育的，每月或每周都有一个户外课题需要学习，复购的问题也就解决了。

场景四：休闲农庄培训

在这个场景中，农场更多的是以场地提供方和成功案例的解读者的身份切入，例如，今年 6 月，我带领全国 60 多位农庄主去小顽国学习，大概半天时间，有参观，也有雷总的经验分享，最后吃完晚饭结束。

这仅是我们去学习，全国其他平台组织的这样的学习，他们也接待，也分享。

有的朋友不理解了，说他们分享自己的经验，不怕别人学去吗？不怕教会徒弟饿死师傅吗？其实，不仅小顽国，日本、台湾地区很多做得很成功的项目也都接受这样的商务考察团，最后他们不仅没被对手干掉，反而名气越来越大，这是什么道理？

整个商务接待给农庄带来的营业额并不算多，他们为什么还乐于接待呢？这里不得不补充一个营销学上的知识点：**品牌在新媒体时代的传播模型**。很多广告人和销售人一看就能明白。

品牌传播，需要考虑四个维度：品牌自媒体维度、垂直维度、口碑维度、声量维度；而这四

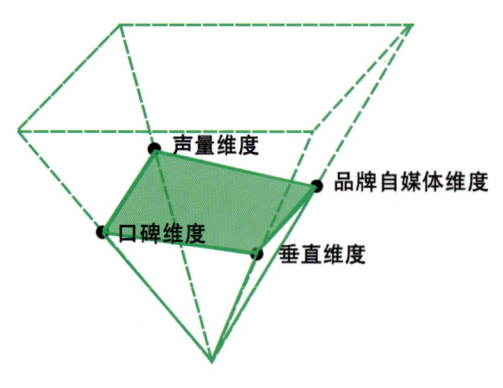

品牌在新媒体时代的传播模型图

个维度像一个锥体的四根柱子，每根柱子都决定了椎体的体积的大小。

品牌自媒体维度：这个维度是指品牌自己的阵地，现在多用微博、微信和官网。特别是微信，现在任何一家做得好的农场，几乎都有自己的官方微信，首先展示一下农场的都可以吃到什么？玩到什么？住的怎么样？近期又推什么新的活动？其次，还可以展示自己的品牌故事，谁创立的这个农场，这个农场建立的初衷是什么？解决了谁的什么问题？这一点，小顽国可以说做到了满分，你可以关注一下小顽国的微信公众平台，或者百度搜索一下小顽国看看它的官网。

垂直维度：小顽国亲子农场属于休闲农业领域，那小顽国在休闲农业里处于一个什么样的地位？有什么样的评价？行业权威及行业垂直媒体是怎么看的？这些都是在说垂直维度。

有庄主不乐意了，说我做一个亲子农场，把自己的产品做好，让客户知道，让客户满意就行了呗，行业专家满不满意对我有什么影响。

其实影响非常大。我直接举一个例子吧，郑州有一个营地叫"熊孩子森林营地"，在当地做得还算可以的，名气也有一些。因为策划一期游学的缘故，我和园区总经理结识，还对他做了一个专访，写了一篇文章发表在行业权威媒体上。

可是后来就有至少4家机构不知道怎么就联系上了我，以为我是熊孩子森林营地的，照这么推算，至少也有10家以上可以直接通过官网或官方微信联系到熊孩子森林营地。这些机构有去营地体验的需求，而他们在看到权威认可之后更倾向于选择这个营地。

因为农未来属于权威的原创自媒体，这篇文章一旦发表，之后会被各自媒体转载，这个影响力是非常大的，通过这个方式找熊孩子森林营地的机构或团队客户也会非常可观。

权威专家的认可、权威媒体的站台以及其他行业自媒体的呐喊，这个力量不容小觑。你自己说100遍自己的瓜很甜，可是客户不信，说你是老王卖瓜，自卖自夸。可是袁隆平说了一句，确实挺甜的，还讲了自己实测这个瓜的糖度有多高，吃瓜群众一下就服了。大概就是这个感觉。

小顽国的创始人雷总，不拒绝行业人士的采访、行业人士的考察学习、为同行分享经验，甚至主动组织这样的行业培训，原因就在这里。做好项目是一方面，还要争取行业权威的认可，这样才有机会被行业权威媒体报道，最终出现在其他行业自媒体上，从而获取更多的曝光和机会。

口碑维度：口碑是指客户决策之前的参考信息，是已经消费客户的评价。我们淘宝下单之前看看评价，买车之前问问老司机都是这样。我们都知道，散客出游之前可参考的口碑平台很多，大众点评、美团网、携程等，可是对于小顽国以团客为主的项目，目前并没有一个巨头式平台来承载，主要是靠客户的自传播，这个幼儿园来过之后总要对外宣传自己去了小顽国做了一次自然教育课程，很成功，对小朋友成长特别好。而这个宣传被其他家长看到的同时也被其他幼儿园同行关注到了，这就是很好的口碑传统。

声量维度： 中国农业人口至少 6 亿吧，可是并不是所有人都知道农业农村部部长是谁吧？在自媒体的传播上有一句话叫"隔圈层如隔山"，是指这个圈子的人很熟悉你了，不好意思，另外一个圈子根本没听说过你。一个新兴品牌，做得再好，再被行业权威认可，再被垂直媒体报道，也只是在休闲农业那个圈子里被传播，而幼儿园去亲子农庄的决策者往往不在亲子农庄的圈子里。所以，2016 年 4 月，央视"生财有道"采访了雷总，成功打入农业圈；2016 年 4 月湖南卫视"爱上幼儿园"栏目，成功打入娱乐圈；邀请芬兰自然教育专家，组织教育论坛，成功打入教育圈。这都让小顽国有了极高的知名度。现在，湖南 1 700 家幼儿园中，有 500 所与小顽国有过合作。

四个维度相互影响，各自起到相应作用。所以，一个新的休闲农业项目起来的时候，如果没有名气，就要有意识的构建自己在新媒体时代下的传播体系。这样才知道哪些事情可以干，哪些人不应该得罪。

小　结

以上四个场景占了小顽国 80％ 的客户，从消费频次上可以分低频次的夏令营/冬令营，中频次的春秋游/毕业季，还有高频次的森林课堂。从战略目的上，有以营销主导的休闲农业培训，有以变现为目的的变现产品。

3. 谁去服务（团队组建）

以活动和课程为主的亲子农场，他们成功的关键不仅仅在于合理的规划，最关键的是策划和执行团队，最好还有教育界相关资源（这样就可以热启动）。

小顽国即是如此，每年接待 8 万人，靠的就是完整的团队的运行机制。那小顽国的组织架构长什么样？客户如何分类，如何管理？以及团队成员从哪个专业找？如何处理淡/旺季的用工问题？这一部分，都会涉及。

以上就是小顽国的组织架构（不含有机农业板块）。财务和行政部不用多说，企业的标配，综合管理部负责园林维护和设备维修等，餐饮部也好理解，这里最主要说的是核心部门——**营销策划部**。

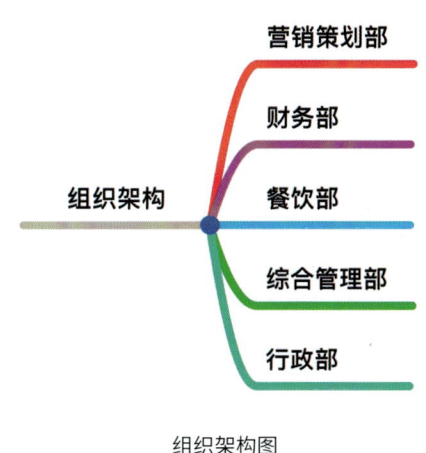

组织架构图

不要被名字误导，这里的营销策划部的实际功能有三项：**客户开发及维系、活动/课程策**

划、执行带队。

姓名	单位	收费标准	所在地区	孩子人数	公立/私立	对自然教育的认同	对活动的满意度	是否有转介绍

客户信息统计表

他们会把客户分类统计，是幼儿园？是公司？还是政府单位？

如果是幼儿园，那他们是公立的幼儿园？还是私立的幼儿园？因为他们出行的决策流程不同。

另外，这个幼儿园是普惠制的幼儿园还是高端幼儿园？这些小朋友的家庭对自然教育的认同程度不同，不同类型的客户会推荐相应的产品，也和收费标准有关。

感恩/回馈老客户维护流程

客户类别	维护方式	时间节点	频率	服务内容	谁来做	谁检查	奖罚措施
A	短信						
	电话						
	拜访						
B	短信						
	电话						
	拜访						
C	短信						
	电话						
	拜访						

客户回访表

维护一个老客户比开发一个新客户的成本低很多，所以小顽国也很重视客户的维护。维护的方式有三种：短信、电话、拜访。

而不同级别的客户的维护频率也不一样，有的连锁幼儿园就得多花点时间，勤跑勤联系。

不仅有任务，每个任务还安排有专人负责，专人检查及奖惩措施。

园区的淡旺季还是很明显的，春季和秋季是旺季，夏季和冬季是淡季，周末是旺季，工作日是淡季。小顽国的策略是：**淡季就是淡季，不是想办法让淡季变旺，而是让旺季更旺。**

既然淡季和旺季的接待量相差很多，于是，工作人员的配置就成为一个难题，按旺季设置岗位到了淡季太浪费，按淡季设置岗位到了旺季又忙不过来，小顽国的做法是采用**"专职 + 兼职"** 的方式。

提前储备一些兼职的带队人员,他们经过培训就具备了某一项活动的执行能力。等到旺季的时候可以招之即来,用完就走。

即便如此,到了淡季,专职人员还是会闲下来,这里一般会安排大家:学习、分享、共享、共建。通过游学等去学习一些未知领域,分享自己的经验,包括怎么拍照?有哪些拍照的姿势等,还有话术、工具、方法等。也会利用这个时间再开发一些新的产品。

那这么多岗位,从哪些专业来招聘人才呢?雷总说,他们主要从四方面来找:**幼儿园教育专业、体育专业、农业专业(自然教育擅长)、营销管理专业。**

三、总结

小顽国的成功在于创新,在于准确的客户定位,然后分析客户的需求,最后利用自己现有的资源组合成新的市场需要的产品。

可小顽国并不是100%完美的,也是在完善的过程中。这里提两点个人见解:

首先,小顽国的核心区规划面积过大,不够集中。再大的项目也要有核心区,农旅项目是个烧钱的项目,如果核心区规划不够集中,打造起来特别花钱,花钱少了又不见效果。不仅如此,对于面向小朋友的项目,如果项目不集中,小朋友转场的成本很高,从停车场到大草坪活动大概要走300米,从大草坪到餐厅至少200多米,这中间都容易产生抱怨和板块之间衔接不上的可能。

第二,小顽国的室内活动板块过少。一般来讲,一天的活动不可能都在室外进行,有动就要有静,消耗体力的户外活动结束之后,也要有足够的室内场地做手工DIY、美食体验、文化体验等,这些都需要室内场地。而且,长沙的天气还是比较热的,有了室内板块就可以延长接待旺季,在下雨的季节也不耽误接待,因为你可以做一套备选方案,下雨了可以启动室内方案。

当然,瑕不掩瑜,从运营数据上看,小顽国的转型无疑是成功的。

我在考察期间对小顽国做了一次航拍,剪成了几分钟的视频,便于您更直观的了解小顽国这个项目,用微信扫描旁边的二维码,**关注公众号:农未来**,直接回复:**小顽国**,就可以看到了。

弗雷德森林学校

一个森林里的自然学校

弗雷德森林学校正门

项目航拍图　　　　　　　　　　　　　　　　　　　　学校所处大环境

森林幼儿园最初起源于北欧的丹麦、瑞典、挪威，后来迅速崛起在英国。在中国，森林学校更多的是一个概念，并没有几个实践案例，郑州弗雷德森林学校是一个。

站在投资的角度，郑州弗雷德森林学校的数据也是不错的：2015年接收基地，2016年开始建设，当年就接待7 000人次，收入约100万元；2017年接待约3万人，收入400多万元；2018年，仅上半年就接待人员2.5万人，收入300多万元。

之所以把这个案例收录进来，主要是因为项目的适应性强。弗雷德森林学校的客户以3~6岁的幼儿园小朋友为主，而这个客户群在全国哪个地区都有，只是切入的时机问题。

一、项目图解

项目区位图

项目位于河南新郑市李庄村，距离新郑市的距离约20公里，距离郑州市的距离约45公里。

新郑属于郑州市的郊县，号称郑州的后花园，从郑州过来有郑新快速通道、大学南路、龙湖大道等，交通非常方便。

郑州市作为河南省的省会城市，辖区内常常住人口约972万，人均GDP 8.4万元人民币（2017年统计年鉴）。

停车场位置

停车场实景

停车场做活动

  进门之后就是停车场，占地面积约1 000平方米，除了停放大巴车也可以作为活动场地。

  停车场旁边有1个卫生间，大巴1个小时到这之后，卫生间是个刚需。

森林广场位置

森林广场航拍图

森林广场实景

紧挨着停车场的是森林广场,可以理解成带舞台的草坪,占地面积约1 300平方米。

可用作集散地、活动开场场地、运动会等。小朋友下车,上卫生间,再到这里集合分组,动线没问题。

水稻种植区植树体验

植树体验

采摘体验

秋收体验现场

农场种植区也是小朋友们的"校区",春天可以开展植树等农事体验,平时还可以作为农业认知、自然观察的场地,夏季采摘,秋季挖红薯等。

儿童乐园位置

溜索

攀爬设备

秋千和梅花桩

攀爬网

儿童游乐区里的草坪

轮胎墙　　　　草坪上的游戏——珠行万里

吊桥

儿童乐园占地面积约5 000平方米，设置了一些简单的游乐设施和拓展设施，供团队自由玩耍。场地比较开阔，也会被当作团队活动的场地。

儿童乐园的地势很特别，像是一个盆地，四周高，中间低，很是凉爽。看来，农场的地形多一些也有好处，只是需要合理的规划和使用。

森林课堂位置

森林课堂实景

森林课堂之木工课

森林课堂之泥巴面具

利用地势做成的攀爬区

轮胎攀爬设施

绳网攀爬设施

森林课堂是一片树林下的场地，树都是比较高也比较密的，占地面积约 2 000 多平方米。

树林下开展课程，一个好处是凉快，比刚才那个位于盆地里的儿童乐园还凉快；另一个好处是可用的资源多，比如做树皮面具、树上攀爬。就是不知道夏天的蚊子热情不热情。

木桥攀爬设施

打地鼠位置

打地鼠实景

打地鼠内部实景

打地鼠活动现场

现实版的真人打地鼠，是多人互动类游戏，也是课余时间小朋友们狂欢的项目。

这样的项目成本低，因为互动性强，小朋友们又能自娱自乐，半天没问题。

弗雷德餐厅位置

弗雷德餐厅轮廓

弗雷德餐厅距离停车场不远，100米左右，上边连栋大棚，下边是水泥地面，看样子有大几百平方米。

无论家长再希望孩子多接触大自然，但是午餐一定要吃好，就餐环境一定要整洁像样。

餐厅内部实景

土灶实景

当然，就餐的另外一种形式也比较受欢迎——土灶。园区提供食材、材料，家长们自己动手丰衣足食。

这些土灶位于树下，一方面躲过了用地的管制，另一方面还起到防晒的作用，只是不知道秋天会不会有落叶。

园区还养殖了鸵鸟，用于小朋友喂养和亲近；也有用于住宿的大通铺。

以上就是弗雷德森林学校主要的板块，以户外活动区为主，如森林广场、儿童乐园、森林课堂、农事体验区等，其他则是配套，如停车场、餐厅、卫生间、大通铺等。

从硬件上看，设施并没有特别豪华，投资也不能算多，可就是这些设施却被开发成五种教育产品：春/秋季森林体验课、森林毕业季活动、森林夏令营活动、森林小组精品课、幼儿园森林课程加盟。下边分别来看一下。

二、主要客户群及对应产品

弗雷德的客户群很明确，3~6岁的幼儿园小朋友，只是有的产品是供幼儿园采购的，有的则是直接供小朋友的，有的一年一次的产品，有的是每周一次的产品。

1. 春秋季森林体验课

这类体验课主要是面向幼儿园的，幼儿园每年春/秋两季一般有外出游玩的需求，很多地方叫春/秋游，活动时间通常是一天，由幼儿园组织，小朋友和家长共同参与，弗雷德森林学校承接和具体执行。以某幼儿园2018年4月17号（周二），在这里组织的春季森林体验课为例。

幼儿园集合去往弗雷德森林学校

合影并分组

火知识课堂

烤棉花糖

勇穿吊桥

体验真人打地鼠

体验泥巴面具

战壕寻宝

自由活动

午餐

像这样一天体验活动，价格约 200 元／一个大人一个小孩。因为来的人数比较多，需要分成若干组，分别体验不同的项目，轮流体验。

像这样的产品，很多地区还是很适合引入的。一方面，幼儿园哪里都有，很多也有春秋游出行的需求；另一方面，产品门槛并不高，娱乐性为主、教育性为辅，对带队导师并没有那么高的要求。

毕业季现场的彩色气球

走过红毯

毕业季现场的照片布置

颁发毕业证书

2. 森林毕业季活动

这是面向幼儿园大班的产品，当3年幼儿园时光结束的时候，无论小朋友、家长、还是幼儿园，都希望有一个有仪式感的、特别的毕业活动。

毕业季活动的需求并非郑州一个地区的需求，在河北、长沙、山东等地都有。也是一个频率不高，但较为刚性的需求。

家长见证

3. 森林夏令营活动

森林夏令营是直接面向小朋友的活动，主要在 7—8 月开展，也就是学生放假的时间，大点的孩子有的家长会选择让他们去参加夏令营，弗雷德的森林夏令营产品主要用来满足这个需求，活动时长是 3 天 2 夜。

流程如下：

第一天

7:00—8:30	集合出发，车上互动
8:30—9:00	休整
9:30—11:30	军训及团队 PK
11:30—12:30	午餐
12:30—14:30	午休
14:30—17:30	主题活动
17:30—18:30	晚餐
18:30—19:30	餐后休整
20:00—21:00	篝火晚会
21:00	就寝

第二天

7:00—7:40	起床
7:40—8:30	早餐
8:30—11:30	主题活动
11:30—12:30	午餐
12:30—14:30	午休
14:30—15:30	迷宫撕名牌
15:30—16:30	打地鼠

16:30—17:30　　　体能区

17:30—18:30　　　晚餐

18:30—19:30　　　餐后休息

20:00—21:00　　　夜间寻宝

21:00 就寝

第三天

7:00—7:40　　　　起床

7:40—8:30　　　　早餐

8:30—11:30　　　 主题活动

11:30—12:30　　　午餐

12:30—14:30　　　午休

14:30—15:30　　　高空索桥

15:30—16:00　　　收拾整理，拍照留念

16:00—17:30　　　返程

每期限 30 个名额，招生对象是 4~10 岁儿童，价格 598 元 / 人，这样每期（3 天）的收入大概是 18 000 元 =30/ 人 ×598 元 / 人。

为了接这个客户群，农庄并不需要额外投入硬件，因为春秋体验课的硬件完全可以用来承接这样的夏令营产品。而 7—9 月天气较热，场地处于一年的淡季，夏令营的产品也提高了场地的利用率。

对于其他想引入夏令营产品的项目来说，有两个门槛：客源和方案设计。因为夏令营的单价较高，能否把一期学员招满直接决定了是否能有利润；另外，夏令营现在市场上的竞争也比较激烈，市场对夏令营的活动方案的主题性、教育意义的要求较高。如果您前期积累了一些客户，也有能力结合自己场地资源设计出有吸引力的活动方案，倒是可以尝试做一期。

4. 森林小组精品课

森林精品课是面向各幼儿园中对森林教育或自然教育有一定认知的高端亲子家庭开展的，他们的宝宝周一到周五在市区里的幼儿园上学，周末则拿出一天时间在弗雷德森林学校度过。让我

们看看这些孩子的第一天课程会做些什么。

活动流程

9:00　　　到达场地集合

9:30　　　日志圈

9:50　　　热身活动

10:40　　主题活动

11:00　　回顾活动

12:00　　健康营养餐

12:30　　餐后自主游戏

13:00　　农耕活动

15:00　　活动回顾

以上是第一次森林课程的大概流程，孩子在报名之后，会被分到 20 个人左右的小组，每周一次，一共 4 个月 16 次的小组精品课。

收费 5 800 元 /16 次课程（4 个月），每月配送学校无公害果蔬；8 800 元 /32 节课（8 个月），每月配送无公害时令果蔬。这是弗雷德森林学校面向 C 端的产品，也是客单价最高的产品。

与其他产品相比，想要提供这个产品，门槛最高：首先，产品需要更强的教育属性，家长希望看到孩子的变化，每次过来还要有不同的主题，这就需要费雷德有很强的策划能力，能根据自己的场地、自然资源等条件，结合孩子成长过程中的诉求，设计出最少 16 天的活动，4 岁、5 岁、6 岁，不同年龄的孩子的需求不同，理论上需要至少 48 个 =16 天 x3 个 / 天主题活动；其次，客单价这么高的产品，从哪里找到你的用户这也是个问题，弗雷德本身有合作很好的幼儿园，而且是收费很高的高端园，这样就可以找到自己的种子用户，再陆续的向外拓展。

如果你也想做类似的产品，得看看自己的地区有什么人口基数？消费能力如何？当地人对学前教育，特别是森林教育的认可程度如何？一般来说，这样的模式会先出现在大城市，再慢慢向中小城市扩展。

5. 幼儿园森林课程加盟

森林课程加盟是针对幼儿园的一个 2B 的产品，建立合作关系后的幼儿园将采用 "4+1" 的形式，4 天在市区内幼儿园，另外 1 天去到弗雷德森林学校。

弗雷德则授权幼儿园是拥有"森林基地"的幼儿园，同时为幼儿园提供每周一天的森林课程，包括场地、课程及执行等。

五款教育产品汇总

	面向客户	客单价	时长	出行规律	消费频率
春/秋季森林体验课	幼儿园	100元/人	1天	3—5月；9—11月；周末	半年一次
森林毕业季活动	幼儿园	/	2天	6月	一年一次
森林夏令营活动	4～10岁小朋友	600元/人	3～4天	7—8月	一年一次
森林小组精品课	3～6岁小朋友	5 800元/人	16天	2—6月；9—12月；周末	每周一次
森林课程加盟	幼儿园	/	16/32天	2—6月；9—12月；工作日	每周一次

弗雷德的五款教育产品，虽然都有面向幼儿园年龄段的孩子，不过有通过幼儿园组织来的，也有自己家长报名后单独过来的。

价格上从人均100元到人均6 800元不等；消费频率也有从一年一次，到每周一次不等；基本上从2—12月，都有产品可提供，学校的场地也得到了合理的利用。

三、总结

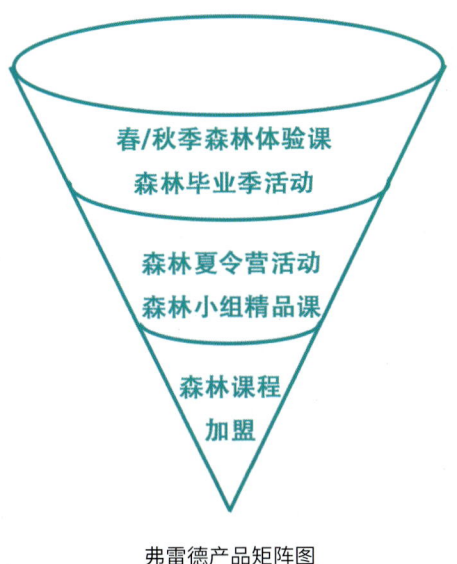

弗雷德产品矩阵图

五款教育产品组成一个产业矩阵和客户漏斗，不同产品承担不同的角色。其中，春/秋季森林体验课和森林毕业季活动流量入口，通过和幼儿园的合作，为整个学校带来大量的客户群，而春秋体验课本身又是盈利产品；森林夏令营和森林小组精品课是中间产品，也是直接面向 C 端客户的盈利性产品，第一次把幼儿园的学生变成自己的客户；森林课程加盟则是更像森林学校的产品形态，为幼儿园提供户外的场地和课程。

很多"春秋游"是一次性产品，也就是幼儿园今年选你了，明年不选你的可能性更大。所以，春秋体验课是盈利产品，却也是"复购率"较低的产品。

正是有了夏令营和小组精品课这些中间产品，才让更多客户得以沉淀下来，成为弗雷德的直接客户。

弗雷德森林学校虽然在农地里，大部分种的仍然是农作物，但农业只是它的场地和工具，五款教育产品才是它的核心产品。

教育属性的产品有一个特点，那就是复购率高，幼儿园、学校、培训班都是一样，家长往往会为孩子教育愿意花更多的钱，更多的耐心。

另外一个弗雷德值得学习的地方是"因地制宜"，它没有把国外森林学校的经验直接照搬过来，而是按照中国的国情做了优化和落地。

可弗雷德怎么也想不到，幼儿园的发展在 2018 年之后会发生一个重大变化，在国家政策的影响下，幼儿园普惠制加强，没了更市场化的环境，不知弗雷德的明天会怎样。

实地考察弗雷德森林学校时，用航拍器拍了几分钟的视频，便于你更直观的了解项目。**关注公众号：农未来，直接回复关键词：弗雷德森林学校**，就可以看到这个视频了。

沙澧春天
生态园景区

小地方的大投资，一个"多客群"的项目

沙澧春天项目航拍图

景区正门

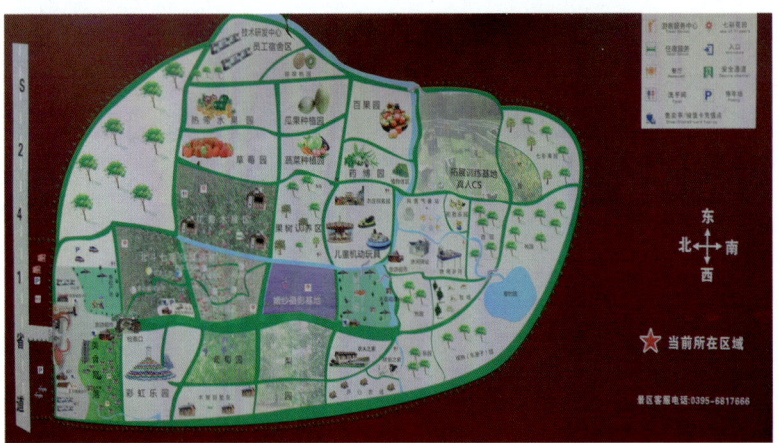

项目平面示意图

沙澧春天生态园景区位于河南省漯河市——一个市区常住人口不超过50万，辖区总人口仅260万人的四线城市。

可是，沙澧春天在2017年却接待了26万人次，营业额1 200万元。

但这并不是一帆风顺的，景区转型前定位农业，占地面积约1 200亩。但葡萄下来的第一年却只卖了一半，其余一半扔掉，于是开始考虑转型。3年后，就是2016年，沙澧春天成功转型为景区做旅游接待，陆续投资约5 000万元，现在沙澧春天是一个"多客户群多产品"的综合体。

之所以解读这个项目，是因为"小市场大项目"是农旅圈里一个典型的"大坑"，进坑容易出来难，幸运的是沙澧春天生态园景区经过多次的尝试、调整，总算找到一个合适的发展模式。相信对同行业者也是有借鉴意义的。

一、项目图解

项目区位图

项目位于河南省漯河市阴阳赵镇，距离漯河市中心仅10公里，50公里范围（1小时车程）可覆盖三县三区：舞阳县、临颍县、西平县（驻马店市）、源汇区、郾城区、召陵区。项目位于241省道旁边，交通便利。

上文有提到漯河市辖区人口才260万，其实，这里不仅人口基数小，人均GDP在全省排倒数第二，只有人均4.1万元，是郑州市的1/2。

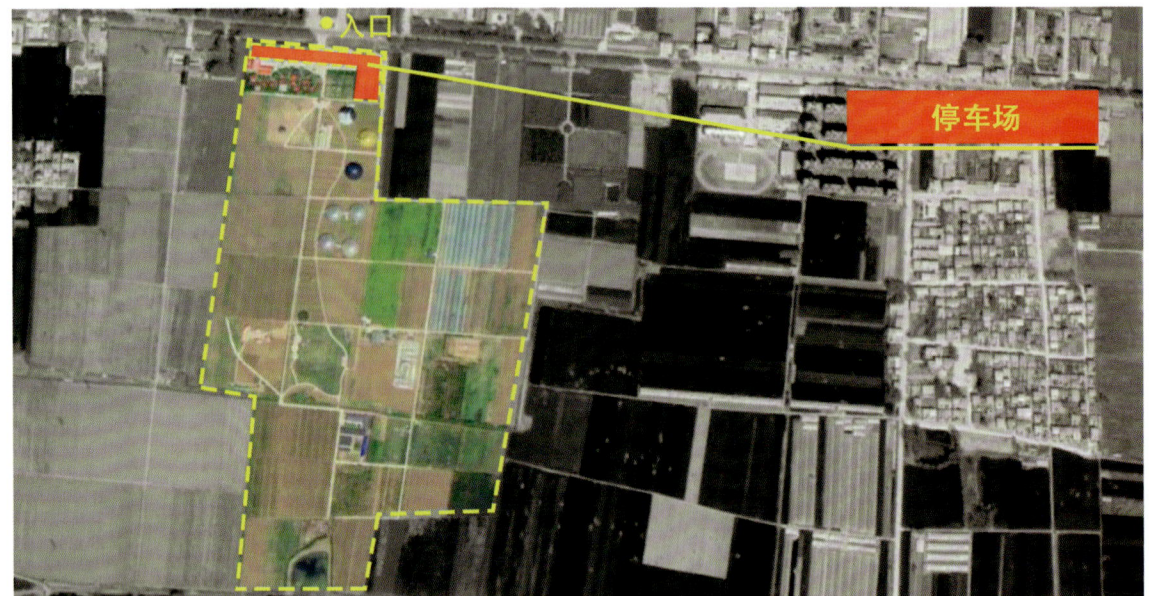

停车场位置

停车场航拍图

停车场是客人进来之后第一个板块，位于检票口外，总占地面积约8 000平方米，分西、北、东3个停车场，西边的位于树下适合停小车，其余两个露天，也比宽敞，大小都能停。按25平方米1个车位的话，同时可停放至少300辆小汽车。

另外，停车场旁边有卫生间，紧邻景区门口有售票窗口，是景区的标配。

停车场实景

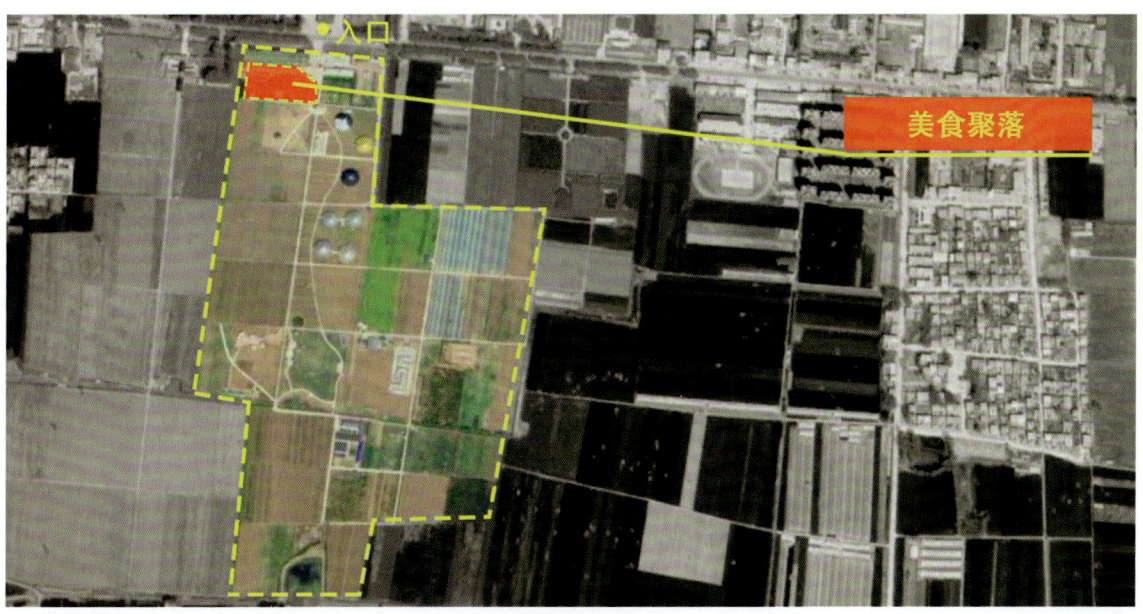

美食聚落位置

美食聚落航拍图

美食聚落之单间

单间内部

美食聚落之宴会厅

美食聚落是景区的餐饮板块，分宴会厅和单间。其中，宴会厅占地面积约 760 平方米，是个多功能厅，可作为会议室同时容纳 500 人，也可以承接婚宴，还可以作为团队室内活动场地；小宴会包间大小 20 多个。

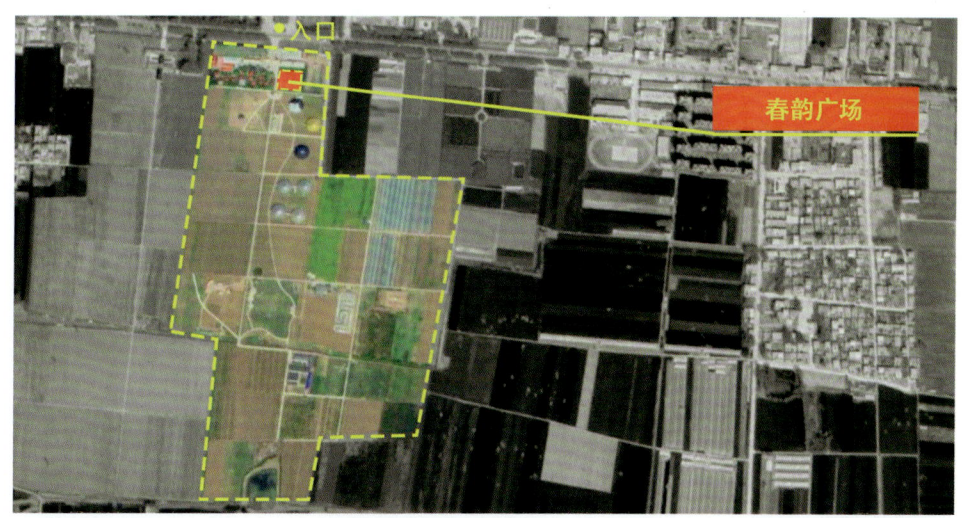

春韵广场位置

春韵广场航拍图

春韵广场实景

春韵广场位于进门后的左手边，美食聚落对面，占地面积约 2 300 平方米，由草坪、树、凉亭构成，是供游客休息、等候的集散地。

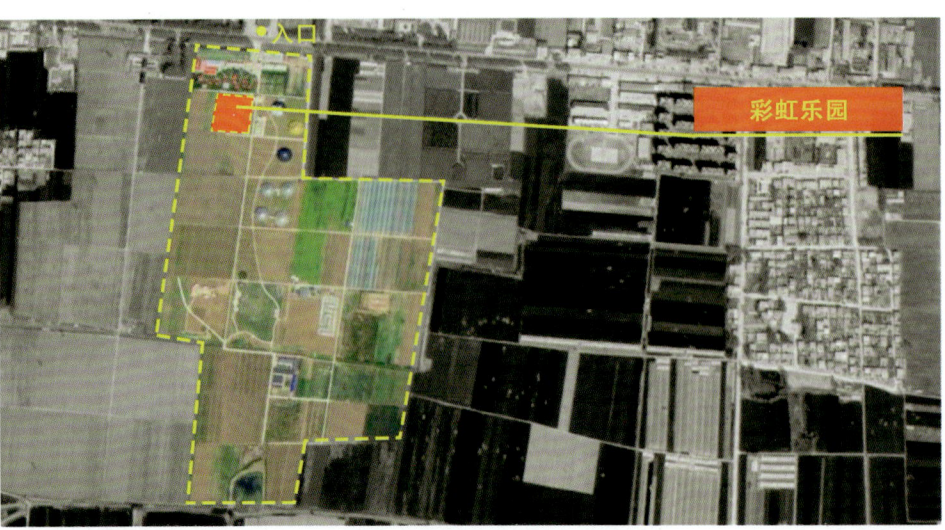

彩虹乐园位置

彩虹乐园位置航拍图

穿越设施

跷跷板

拓展设备

彩虹乐园占地面积约 6 000 平方米，布置了一些可供儿童游乐的设施，攀爬网、跷跷板、沙坑等。

购票的散客进来之后可以自由玩耍，团体也可以在这里集体活动。

无动力设施最大的好处是省人工，不需要工作人员介入，运营方面比较省。

儿童乐园航拍图

极速飞车

旋转木马

　　紧紧挨着彩虹乐园的是儿童乐园，为收费项目，占地面积约800平方米，有极速飞车、旋转木马、转转杯等，10元/项。另外，租赁游览车和自行车也是在这。

　　无论公园、景区、还是大点的项目，一般都有增值项目，是门票之外的又一个进项。不仅如此，收费项目往往穿插在免费项目之间，让家长躲都不好躲，你说气人不？

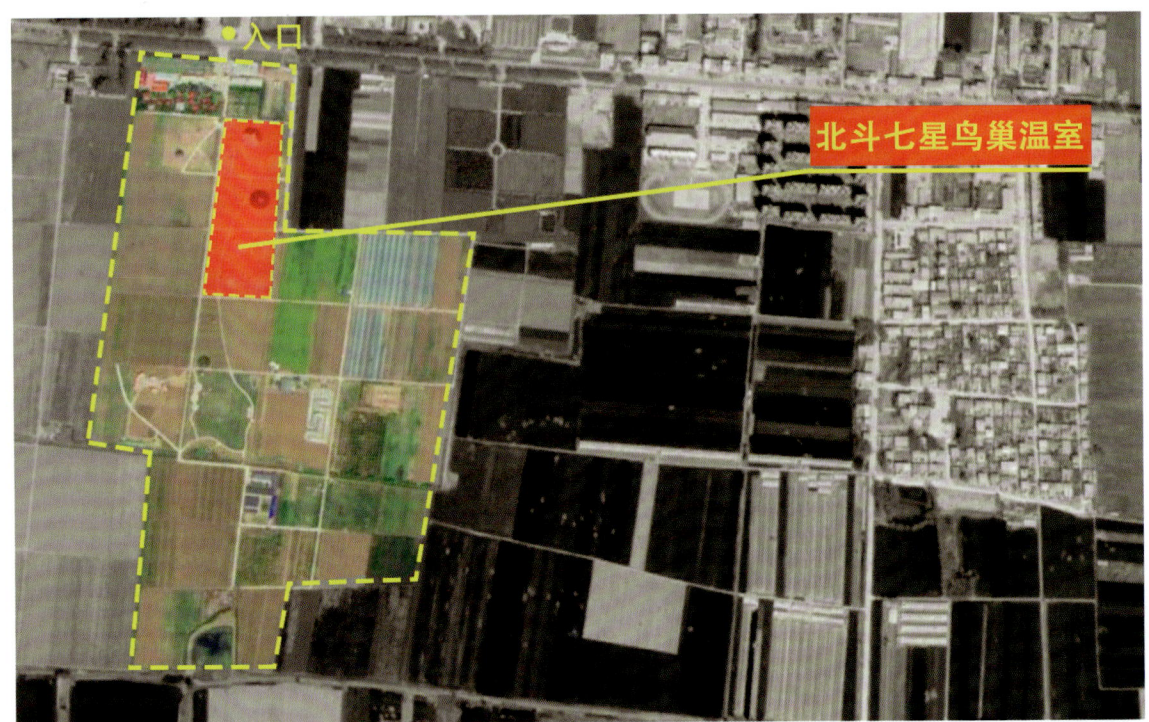

北斗七星鸟巢温室位置

北斗七星鸟巢温室航拍

鸟巢温室一共7个，连起来像北斗七星一样，每个温室占地面积约700平方米，7个鸟巢四类功能。

鸟巢作为露营地

鸟巢作为会场

  距离门口最近的一个是多功能厅，可以作为商务会议的会场，也可以作为毕业典礼的会场，甚至还作过露营场地。

鸟巢作科技文化馆

科技文化馆里的地震小屋

还有一个科技文化馆，里面设置有地震小屋、VR 体验、魔幻镜宫等项目。

这里的项目为二次收费项目，不过也经常和门票一起绑定卖，一张门票送一个体验项目。

鸟巢里的磨豆浆项目

鸟巢里的烘焙 DIY 项目

还有一个是手工坊,团队活动可以在这里体验烘焙、涂鸦、磨豆浆、陶艺等项目。

气雾栽培的上部

最后是科技农业馆,通过气雾栽培技术开展科普活动、研学等活动。

7个大棚,总计约4 900平方米,这么大的室内活动场地,不敢说手笔不大,但我比较担心它们的利用率。

气雾栽培底部

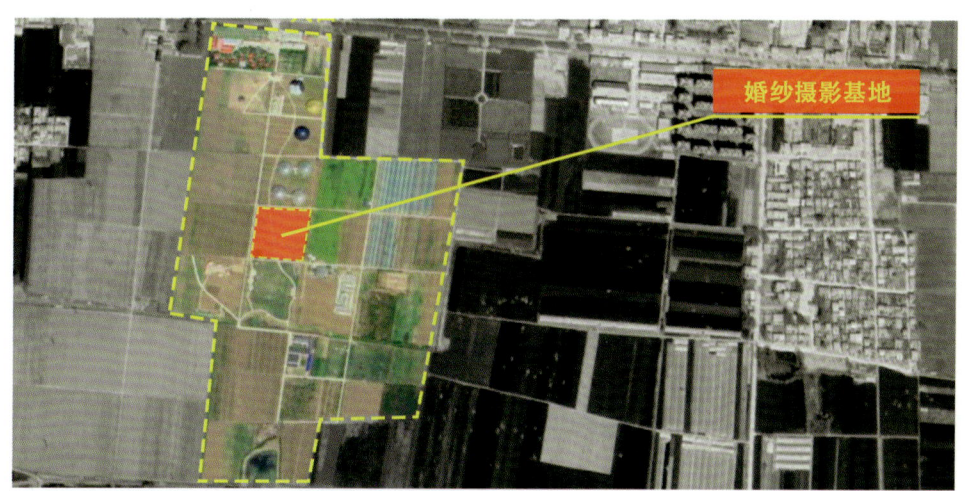

婚纱摄影基地位置

这是一个约 10 000 平方米的花海，点缀有稻草人、风车等景观小品。

大片的花海盛开的季节确实可以吸引到非常多的散客，同时也可以作为婚纱摄影的外场基地。

很多项目单纯做花海，淡季淡的不行，旺季旺的不行，即便旺季还留不住人，因为餐饮、游乐、住宿你全没有。所以，不建议单纯做花海，而是在项目里做成一个板块，一来做景观，二来做特色吸引人来。

婚纱摄影基地实景

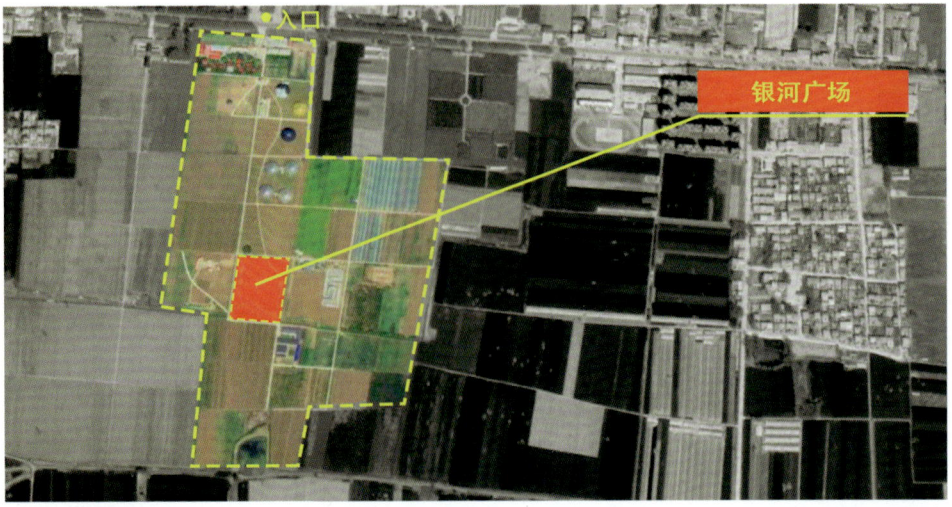

银河广场位置

银河广场航拍图

银河广场上的草坪音乐节

银河广场上的亲子运动会

银河广场上的草坪婚礼

银河广场上的拓展活动

银河广场是一块草坪，占地面积约 12 000 平方米，是多功能草坪，可以用于举办草坪音乐节亲子活动、草坪婚礼、运动会等这类大型活动。

沙澧春天的大草坪也给了它做大型节庆做了铺垫。

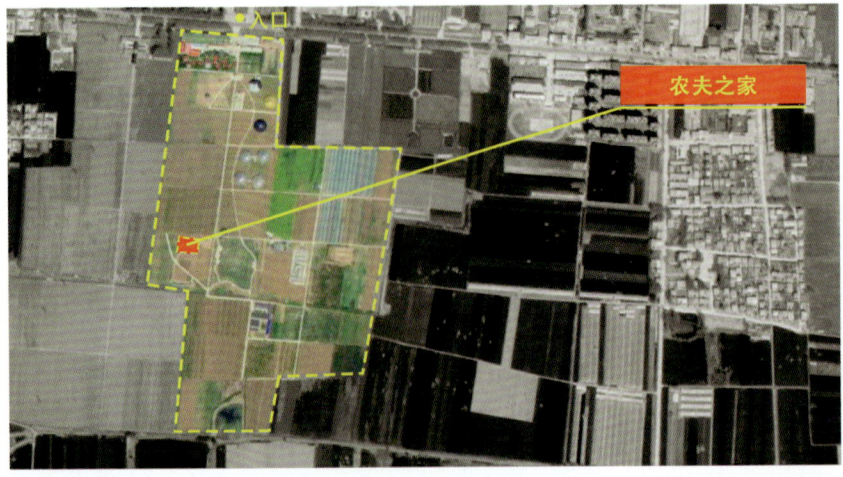

农夫之家位置

农夫之家实景

农夫之家的水车坊

农夫之家的豆腐坊

农夫之家是6间60平方米的房间，分别展示了榨油坊、豆腐坊、织布、茅草屋等传统农耕器具。主要用于亲子和研学团队的学农教育，也可以由散客自由参观。

小小动物园

紧挨着农夫之家是一个小小动物园,供小朋友喂食、亲密接触。

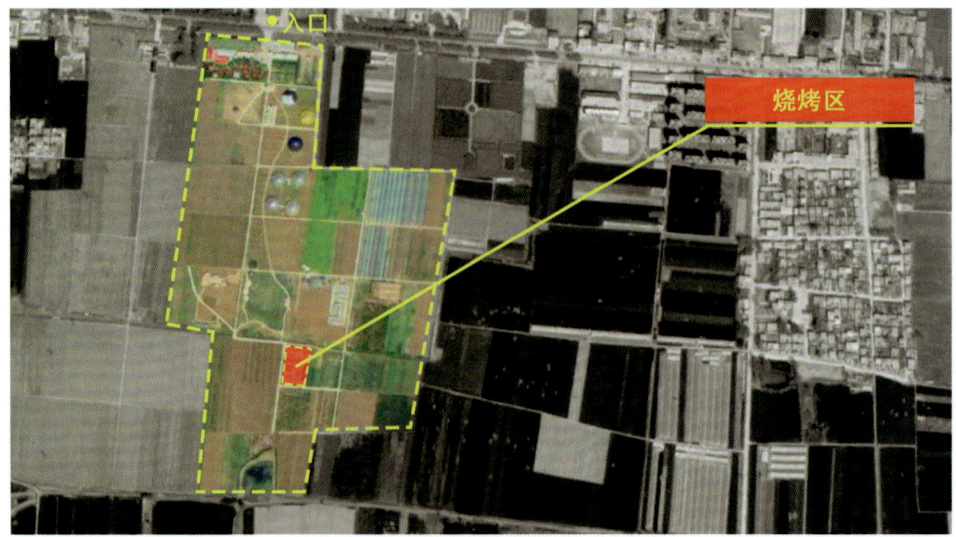

烧烤区位置

烧烤区航拍图

团队烧烤现场

烧烤区实景

土灶

烧烤台和土灶是餐饮的第二种形态。景区提供炭、材料、烧烤台,每套 100 元,也可以另外购买串串。

烧烤和土灶是比较受团队客户欢迎的,例如,幼儿园春游的、团队拓展的、地产和 4S 店客养都能用到这个区域。

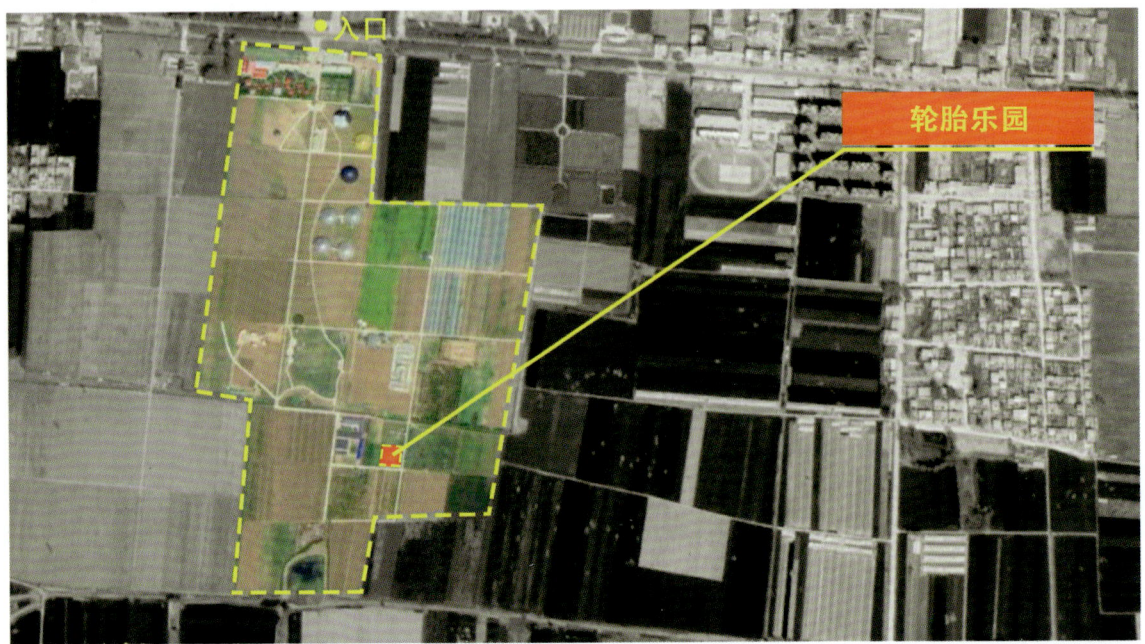

轮胎乐园位置

轮胎巨人

轮胎汽车造型

轮胎乐园利用废旧轮胎做成了各种造型,供小朋友在这里玩耍,占地面积约 1 200 平方米。

轮胎乐园实景

推轮胎

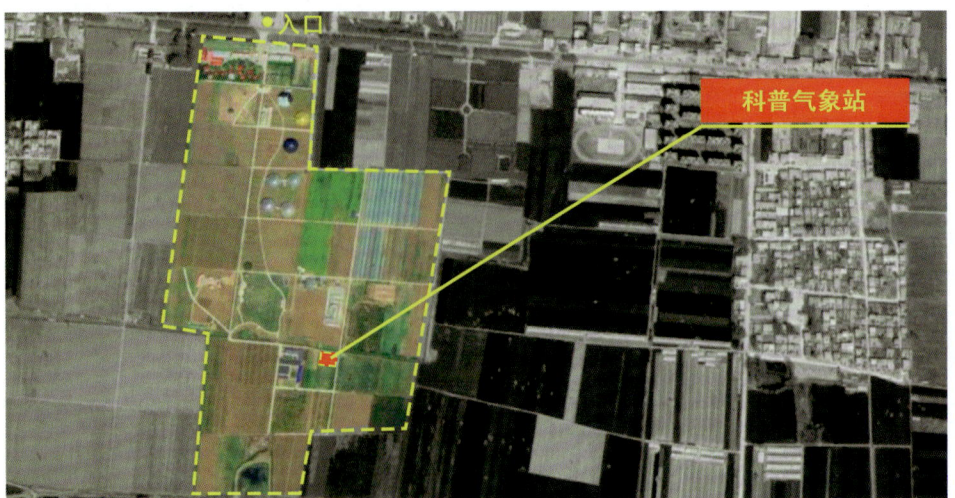

科普气象站位置

日晷

地震仪

司南

气象站

科普气象站共有4个项目：日晷、司南、地动仪、气象百味箱，占地面积约1 300平方米。

主要用于亲子和研学团队的科普，在导师的讲解下，小朋友们第一次在书本之外的地方看到和摸到这个东西。不仅是团队客户，散客在解说牌上也可以了解到相关知识。

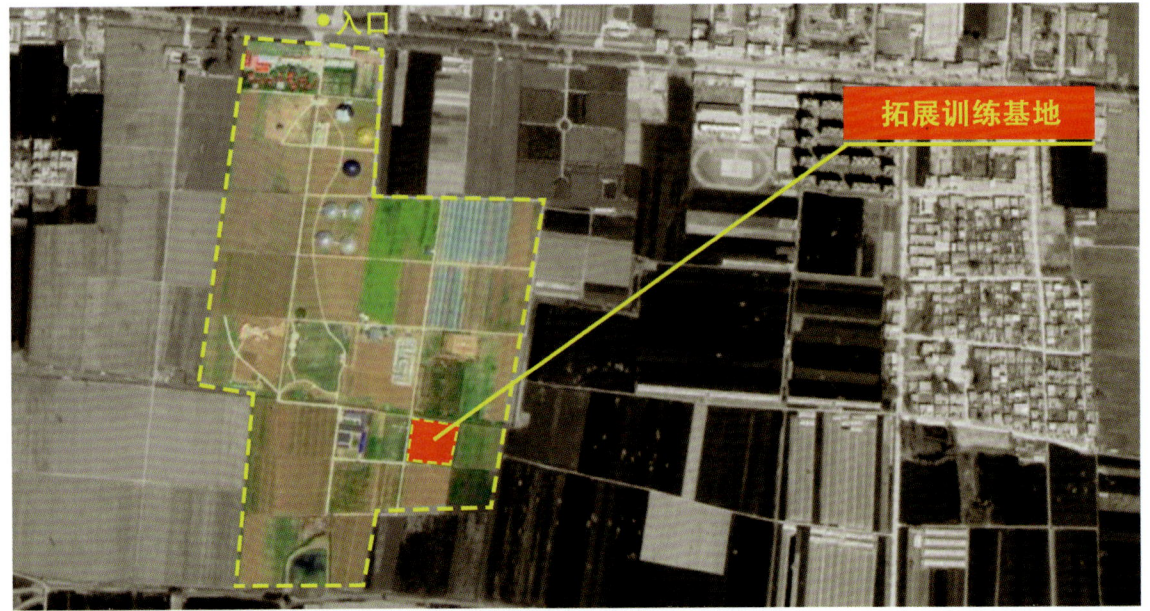

拓展训练基地位置

拓展训练基地航拍图

CS 场地

拓展训练基地实景

　　拓展训练基地一半是草坪，一半是真人 CS 场地，总占地面积约 5 000 平方米。其中，草坪部分还设置有高空项目、毕业墙、信任背摔、生死电网、绳索拓展等项目。

　　这一板块主要用于公司/企业客户拓展使用。团队需要在拓展教练的引导和组织下才能达到效果，不然就是草坪一块。

沙澧春天生态园景区

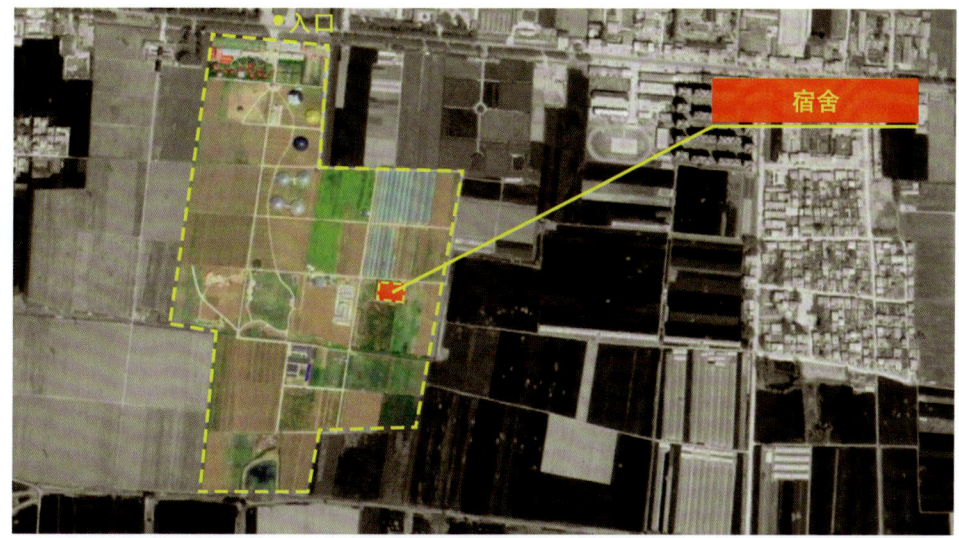

宿舍位置

宿舍航拍图

宿舍实景

239

宿舍内部实景

宿舍是上下铺的学生宿舍，每个宿舍有 10 个床位，总计至少 400 个床位。主要给参加夏令营和研学的孩子使用的，占地面积约 1 200 平方米。

以上，就是沙澧春天的 15 个主要板块，其他部分就都是种植区了，主要种植了葡萄、桃等水果了。

看完这些不知道大家什么感受，我的感受是景区体量之大、项目之全、投资之巨在四线城市真是少见。

二、主要客户群及对应产品

景区不仅仅有丰富的板块，还有最全的客户类型，归纳一下分六大类：节庆散客、公司 / 工厂、房地产 /4S 店 / 保险公司、旅行社 / 户外组织、幼儿园 / 培训机构 / 家委会、学校研学旅行。不同类的客户有不同的需求，景区也会提供符合各自需求的产品。

1. 节庆散客

散客好理解,就是一家人自驾游玩,可是这"节庆散客"是什么意思呢?是指在景区策划节庆活动时才来的散客,不包含平时来景区的游客。以 2016 年 12 月组织的一次灯光节为例。

灯光节活动时间:

2016 年 12 月 16 日至 2017 年 2 月 16 日

灯光节地点:

漯河·沙澧春天生态园景区

灯光节票价:

成人票:39 元 / 位

学生票:29 元 / 位

儿童票:19 元 / 位

入场时间: 晚上 17:30 后

这是灯光节现场的场景:

灯光节现场 1

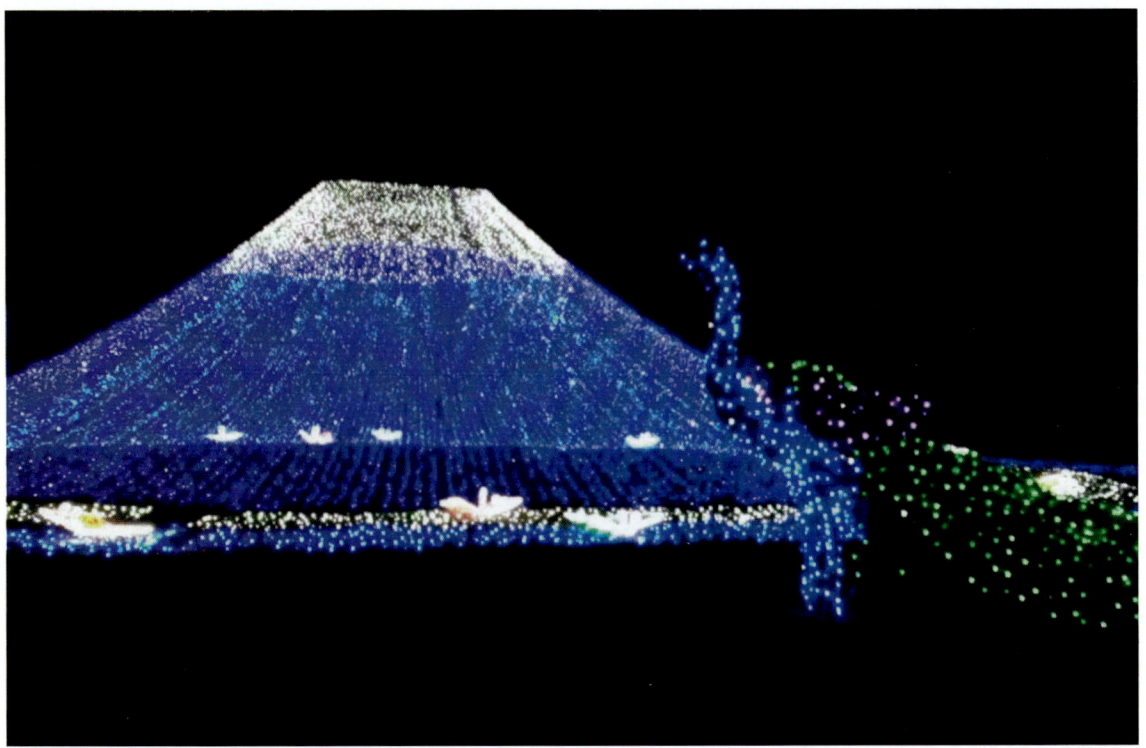

灯光节现场 2

灯光节现场 3

沙澧春天生态园景区

灯光节现场 4

灯光节现场 5

243

灯光节现场 6

灯光节现场 7

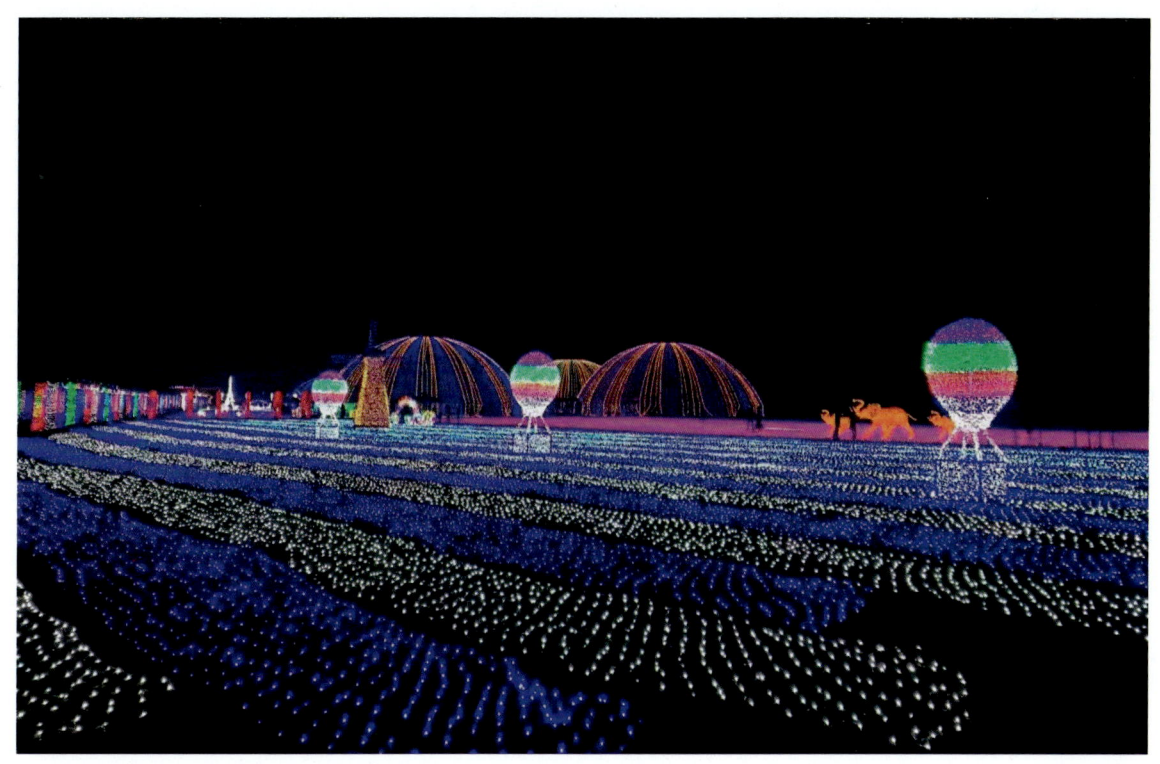

灯光节现场 8

看漂不漂亮？会不会拍照？要不要发朋友圈告诉你的小伙伴？就这样，这次为期两个月的灯光节，帮助沙澧春天在漯河一炮打响。

沙澧春天 CEO 苏博告诉我们，灯光节的宣传刚开始，销售部一天都没干别的，都是打电话的，很多还是预定场地的团队客户。所以，这是灯光节带来的第一个好处，帮新项目打响知名度，带来更多潜在团客。

第二个好处，当然是赚钱了。每年 12 月 16 日至次年 2 月 16 日，这两个月时间是景区最闲的两个月，利用灯光节这个点带来巨大的客流，不仅可以收到门票钱，还能带动餐饮、儿童乐园等的二次消费。

你可能会有疑问，这灯光节虽好，就是不知道得花多少钱买灯？答案是不花钱。这是合作的项目，景区出场地，合作方出灯、布景等。最后收的门票钱大家 2/8 分账或 3/7 分账，景区拿小头，业界有专门做这类活动的单位。

不仅仅是灯光节，沙澧春天还策划了很多不同的节庆活动，2017 年 3 月 8 日办的"38 女王节"；2017 年 4 月 29 日至 5 月 1 日举办的"草坪音乐节"；2017 年 9 月 29 日开始的"七彩洋伞节"。从 2016 年 12 月至 2017 年 10 月，短短 10 个月就办了最少 4 次节庆，2018 年也基本上是这个节奏。

这样的活动不挑市场挑场地。在场地方面，沙澧春天有1 200亩的场地、有3个停车场占地8000平方米、厕所等这些基本的硬件条件，就可以承载这样的活动。在市场方面，漯河这样的市场都可以做，相信全国90%的地级市甚至一些县都是可以做的。只要节庆合适，每季度做一次也是很正常的。

2. 公司/工厂

上边有提到，节庆散客带来了大量团客，这其中就包括了公司/工厂，他们最主要的需求是团队拓展，咱们以某团队一天的拓展为例。

拓展活动流程

时 间	培训安排	项目介绍	项目目标
07:00—07:30	集合、出发	早指定时间、地点赴沙澧春天生态园景区，抵达后，导游带领游园观光	
07:30—08:00	融冰项目	初次融冰、营造轻松、愉悦的学习氛围	
08:00—12:00	塑造军魂	强化时间、纪律意识，树立雷厉风行的作风	
	团队展示	团队组建：队名、队呼、队歌、队列展示	1. 个人的融入是团队取胜的法宝，团队组建的快，自然也就增加了取胜的砝码 2. 团队中的创新需要集思广益，以创造出最佳方案 3. 尊重理解他人见解：耐心、宽容、有"批判" 4. 善于总结大家建议：思考、综合、有"战略"眼光
	挑战NO.1	在150秒内完成看似不可能完成的5项任务	1. 完善的计划，严密的流程，高效执行力，默契的团队
	信任背摔	每一位学员依次从一座高1.4米的背摔台上直身向后倒下，其他学员在背摔台下平伸双臂做保护	1. 建立团队内部的信任感，理解信任和承诺的重要性和力量 2. 增强自信和自我控制 3. 学习换位思考，更好地理解他人 4. 理解变革中产生恐惧的原因——过渡时期的暂时失控状态，不确定性带来的挑战，增强面对变革的勇气和对变革前景的信心
	项目总结		
12:00-14:00	午餐、午休	补充能量，调整身心	

(续表)

时 间	培训安排	项目介绍	项目目标
14:00—17:30	坎坷人生路	把学员分为盲人和哑人，让盲人和哑人在一起共同走过一段艰难漫长的风雨人生路	1. 让学员学会感恩、理解和包容 2. 学会承担责任，更好地融入团队 3. 增强团队的协作意识、懂得付出
	毕业墙	参与者在不借助任何工具的情况下徒手翻越一堵4米高的墙	1. 立同心协力、克服困难的信心 2. 通过身体接触来增进来自不同工作领域的员工之间的了解 3. 共同分享成功的喜悦，体会团队的力量
	毕营仪式、合影留念		
17:30—18:00	收拾行囊返程		

一天活动下来，主要用到拓展场地中的信任背摔、毕业墙，再有就是中午就餐场地了，当然，外聘的教练也是很重要的。

收费标准：160元/人，含车。

这是比较有利润空间的项目，因为场地很简单，一片活动草坪，毕业墙这些设施又花不了多少钱，并且可以多次重复利用。成本主要在教练上，拓展教练是比较贵的，如果自己养一个专业的拓展教练不划算，可以和拓展教练合作，有生意了按天给钱。

这个客户群还有一个好处，没有淡旺季，除去每年最冷的1月和最热的1个月，其他时间基本都有拓展的需求找上来。

而且，因为是草坪的场地，不做公司/工厂的拓展时可以做其他团队的活动场地。所以，只要有拓展的业务能对接上，尽量上这个项目。

3. 房地产/4S店/保险公司

无论是房地产、汽车4S店还是保险公司，他们手里有大量的老客户需要维系，同时也有拓展新客户的需求，于是这些机构的需求出来了——客养。

以昌建集团为例，他们是做养老项目的，以2017年3月18日在沙澧春天举办了一天的活动为例。

集合去往沙澧春天

合影留念

草莓采摘

烧烤

挖野菜

像这样的活动,主要用到的板块有采摘区、烧烤区、种植区,策划和执行难度低。

收费大概在 100 元左右,这次一共来了大概 40 人左右,营业额大概 4 000 元,昌建集团每年 5~6 场这样的活动,是沙沣春天的老客户了。

这样的产品门槛并不高,只要有水果可摘,能烧烤就可以做。而且,房地产、4S 店、保险公司这些单位在全国哪里都有,所以适用性普遍。

老人们在春暖花开时能有这么一次出游,不用自己找车,不用麻烦子女,不用安排行程。

昌建集团通过这样活动,把自己的养老项目打造成一个有温暖、有活动的好项目,既服务了老客户,同时还对潜在客户构成吸引力,这样到农场的活动,他们每年会组织最少一次。

4. 旅行社 / 户外组织

旅行社手里有大量的客户，只是，旅行社组织出游不是搞客养，这个的一日游本身就是他们的终极产品，所以一般旅行社把场地方的结算价格压得很低。

旅行社方面，他们需要及时发现新场地，策划新的旅游产品，这样才能让自己的老客户复购，不至流失。而最近几年，随着OTA平台的兴起，很多消费者直接在网上就可以安排自己的出游，逐渐从跟团游变成自驾游，导致旅行社的日子也不好过。

农场和旅行社合作，一来可以增加收入；二来可以增加在圈子的名气，因为不同的旅行社之间也在相互研究，一家旅行社宣传了你，一票旅行社就知道你，甚至找上来合作。对于新项目来说，这是一个很重要的渠道。所以，如果是一个刚开业的项目可以选择与旅行社合作。搞定一家旅行社，它会把你在自己客户里持续推广，把客户往你这送一遍。

5. 幼儿园 / 家委会 / 培训机构

这3个客户其实是一类客户，他们有很多共同点，比如，他们都在为孩子服务，幼儿园是为3~6岁孩子服务，家长会是为7~12岁小学生服务，培训机构为3~12岁孩子服务。他们春秋两季都有一些出游的需求，植树节、秋季运动会、主题亲子活动、绘画采风等。

以下这个是沙澧春天2017年的一个活动方案：

时间	课程安排	课程介绍
8:00 集合出发	车赴沙澧春天生态园景区	
8:30	签到	进行分组，签到，做自我介绍，开启一天的快乐之旅
8:30—9:00	通过故事引入，引入桃子	老师带领家长及孩子到自然课堂内，通过有趣的故事引入桃子
9:00—10:00	农事体验——摘仙桃，收集桃叶	在老师引领下，游览沙澧春天生态园，至桃园内采摘蟠桃和蜜桃，一个小朋友可摘5个桃子，每个小朋友动手摘桃叶
10:00—10:30	田野游戏：斗草	小朋友们从路边或者桃树地里选出自己中意的草茎，拔出来后跟小伙伴进行PK
10:30—11:30	食育课：包饺子	家长协助孩子包饺子，培养孩子的动手能力
11:30—12:30	午餐自助地锅——炒大锅菜，煮饺子	感恩大自然的馈赠，阳光下田野里，八个家庭一组在景区内的休闲驿站内进行自助地锅（让家长和孩子一起动手，培养孩子的动手能力）

(续表)

时 间	课程安排	课程介绍
12：30—13：30	休息/自由活动	午休，补充体力（需自带爬爬垫）或游览动物园，轮胎乐园
13：30—14：00	打水仗	自制水弹，在景区休闲驿站区内进行酣畅淋漓的打水仗比赛（需自带备用衣服）
14：00—15：00	小小实验家	自制水果发电，通过物理知识与自然的神奇结合点亮灯泡
15：00—16：00	我是演说家——积极发言，畅谈感受	成果分享，积极发言（创造宽松、自由的环境培养孩子的语言表达能力）
16：00—16：30	科技馆新奇体验	老师带领进行科技馆体验，免费体验项目：脚踏发电/无皮鼓/光琴/喊泉/怒发冲冠/隐身人/穿越火线等；另可体验科技馆收费项目一项（自选）：地震小屋/欢乐海洋/镜子迷宫/VR体验任选一项（反映科学原理，科学性，知识性，趣味性相结合；孩子亲手体验探索的同时能启发思维，收获知识）
16：30	返程	结束一天的课程，回到温暖的家

整个活动用到的场地有：停车场、草坪、采摘区、DIY手工区、地锅、科技馆等6个板块，带队老师也是由景区提供。

收费：168元/一大一小

费用包含：

1. 景区门票

2. 参观项目

彩虹乐园，农夫之家，动物园，轮胎乐园，体能乐园，农业馆等项目。

3. 科技体验收费项目1个

4. 保险费

5. 田园午餐费，材料费，课程费，组织费，耗材及工具使用费

这类活动需要景区提供全套活动方案、执行团队、园区硬件，所以收费较高。

还有一种情况，景区只是作为场地提供方，不提供带队老师、活动方案，只是在根据对方需求给出一些建议，当然这样的收费会低一些。

这样的需求从每年 3—5 月，9—11 月都有。而幼儿园、家委会、培训机构都属于市场化程度高的群体，是否出行，出行去哪，都是可以自由决定的，对于园区没有其他特别资质方面的要求。

6. 学校研学旅行 / 综合实践

研学旅行 / 综合实践是针对中小学生的教育旅行产品，组织方是学校，参与者是学生（不带家长），研学团队一般需要在这里过夜，综合实践则以一天的为主。国家政策推动下，体制内学校逐渐走出来，开始开展研学旅行，这是一个超级市场。

以漯河市第二实验小学四年级举行的研学旅行活动为例，时间是 2018 年 10 月 19 日，一天，流程如下。

开营

植物认知

认识传统农具

农事体验

挖红薯，煮红薯

科技馆体验地震小屋

风筝 DIY

合影留念

结束返程

研学旅行的收费价格比较低,不过市场足够大。

对于这类活动,承接的基地首先要挂牌,沙澧春天在 2016 年 10 月就挂牌成为"漯河市中小学社会实践基地",2017 年 10 月成为"河南省中小学研学旅行基地",2018 年 10 月成为"河南省中小学专项性社会实践教育基地(自然生态基地)"。

拿不到这些资质,便没有办法承接这类活动,不仅如此,在教育局对你审核时,对场地、课程体系等也有诸多要求,具体情况大家可以到当地的教育局咨询。

学校在整个研学旅行中承担的是组织者角色;学生是参与者;景区则是实际的承办单位,需要出场地,出研学导师,出课程方案等。

对以上 6 种产品做个小结:

6款产品汇总

	面向客户	人均客单价	时长	出行规律	消费频率
节庆散客	全年龄段散客	100元以内	1天	周末/节假日	每季度一次
公司/工厂	成人团客	200元以内	1天以上	2—6月；8—12月；一般工作日	每年一次
房地产/4S店/保险公司	成人团客	100元左右	1天	2—6月；8—12月；一般在周末	一年一遍
旅行社/户外组织	成人团客	100元左右	1天	2—6月；8—12月；一般在周末	每年一遍
幼儿园/培训机构/家委会	亲子团客	100元左右	1天	3—5月；9—11月；一般在周末	每年两次
学校研学旅行	学校团客	100元以内	1天以上	在校期间的工作日	每月一次

三、总结

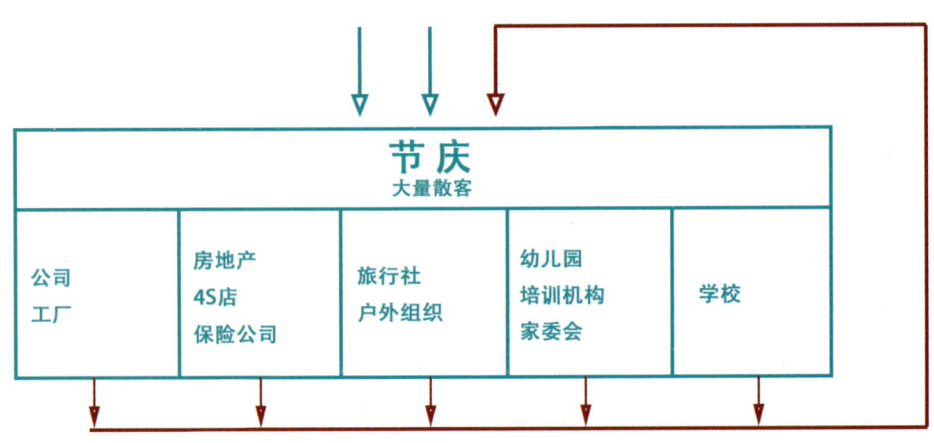

景区流量模型图

每年通过策划4次大的节庆活动，带来大量散客，通过节庆带来大量散客的同时，也带来了团队的订单。景区为主要的团客都设置有相关的产品，反过来，每次团队活动也在为下一次节庆活动蓄势。这就是沙漠春天的流量模型。

大家再思考一个问题，这些团体活动为什么不是为沙澧春天带来"日常散客"，而是为下一次大的节庆带来"节庆散客"？你可以回忆一下沙澧春天的板块，虽然丰富，但多是为团客优化，在平时没有灯光秀、洋伞节、花海的时候，一家三口买上总计百元门票进来是玩不到什么东西的，但凡有点意思的像采摘、儿童乐园、科技馆等都是需要再买票的，所以，平时的散客进来感受并不好。那为什么不多加点内容，去改善这一点呢？加内容意味着追加投资，追加投资意味着运营成本更高，运营成本高就需要更多的人进来，可漯河的人口基数就在那摆着，不可能进来更多人，**所以，如果追加投资便会形成恶性循环。如果这个项目放在珠三角，放在长三角，放在任何一个省会城市，那肯定比现在要好不止一个等级。**

请大家继续思考：青天寨主接团队拓展、弗雷德森林学校主接孩子，洼里乡居楼主接散客，大家都在往聚焦、往专业化做，为什么沙澧春天却什么客户都接？上文有讲到，漯河市辖区总人口只有不到300万，沙澧春天又是一个投资比较大的项目，单一客户群很难养活这一个项目，运营压力逼着景区什么客群都接。所以，在做这类项目时，要有两点需要注意的，一方面是控制投资冲动，不能过度投资；别一方面，要规划核心区，沙澧春天1 200亩，几乎没有建设重点，这样的园区想要好看，就得多投资。其实核心区规划合理，同样可以拉出很高营业额。

小地方大投资背景下，沙澧春天也摸索出了一条"最优解"，一是"多客群，多产品"，累是必须的，累就选择合作，把自己做成平台，拓展只提供场地和方案，具体执行找拓展教练合作；二是消项目也可以合作，让合作伙伴投资运营，进账了你只管分钱；场地大了，节庆活动就可以合作办了，风险小，效果好；甚至平台够大，像沙澧春天一样拿到了研学基地的牌子，400个住宿的床位都不用自己投了。

总结一下，一定要精准投资，如果不慎投资过重，那可以尝试"多客群、多产品、平台化"的模式去运作。

我在考察期间对沙澧春天做了一次航拍，剪成了几分钟的视频，帮助您更直观的了解项目，用微信扫描旁边的二维码，**关注公众号：农未来**，直接回复：**沙澧春天**，就可以看到了。

水云山谷

50亩地（总占地面积约330亩），年营业额300万元，一个"轻资产、重运营"的项目

水云山谷航拍图

水云山谷标志牌

水云山谷广告牌

水云山谷是一个典型的亲子农场,核心客户群是亲子家庭,提供的产品也围绕着亲子。

上面的航拍图是2017年12月拍摄的,占地面积约330亩,山多水多平地少,可用的核心区面积约50亩左右,就是在这样一个场地上,每年可以产生300万元营业额(2017年)。

"定位亲子,轻资产,重运营"的模式值得一番研究学习。

一、项目图解

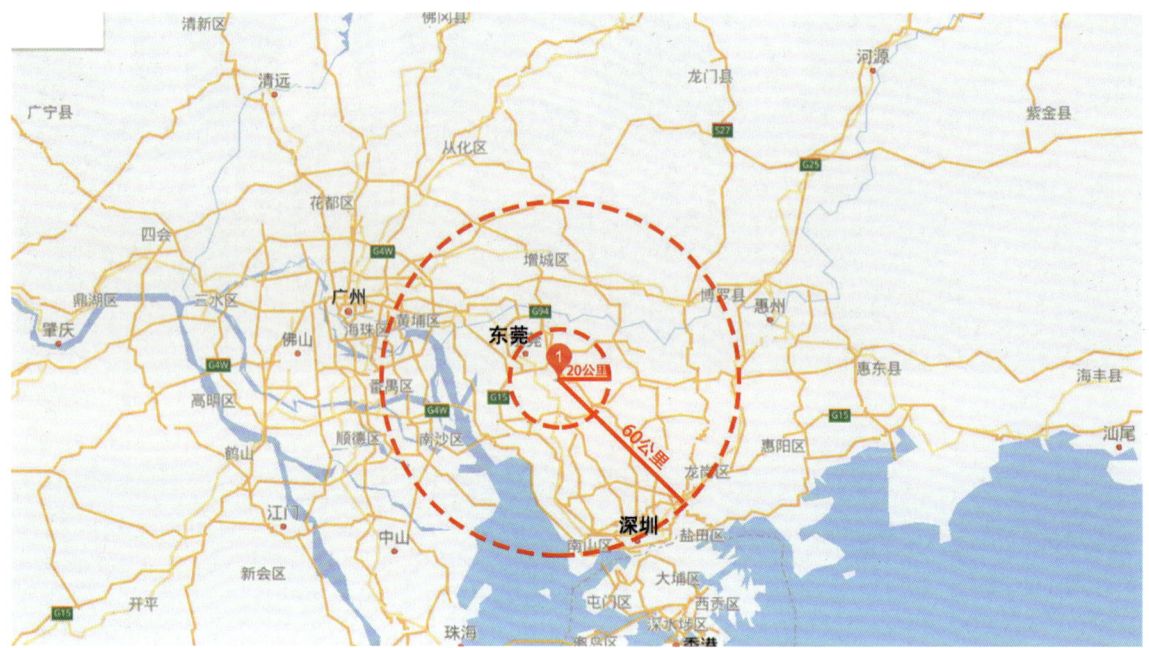

项目区位图

项目位于广东省东莞市大岭山镇,距离核心市场东莞市 20 公里、深圳约 60 公里。

东莞市辖区人口约 800 万,深圳辖区人口约 1 200 万,也就是说水云山谷一小时范围内可以覆盖到约 2 000 万人,当然东莞的比重会更大一些。

不仅人多,人家还有钱。珠三角那是全国最富有的地方,而深圳和东莞又排在珠三角在前列,其中,东莞人均 GDP 9.18 万元,深圳人均 GDP 18.4 万元。

卢琼玉董事长花了两年时间才找到这块地,可谓磨刀不误砍柴工,这些人口基数和消费能力具备了一个好的亲子项目的土壤。

核心区卫星图

图上显示出来的是核心区，占地面积约 50 亩，连同北面的山林，项目总占地面积约 330 亩。

项目再大也需要核心区，这一点水云山谷的规划是成功的。

停车场位置

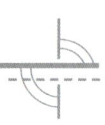

停车场实景

园区道路也是停车场，一半停车，一半行车，在多山的地区，这样的"停车场"并不显得 low。

因为水云山谷位于一个旅游线上，门口的道路是可以通旅游大巴，比较宽，所以，景区外的路边也可以停车的。

园区虽然以接团队客户为主，但很多团队还是选择各自开车过去，这一点与全国其他地区有所不同。

儿童游乐区位置

蹦床

滑梯

攀爬设备

儿童游乐区主要是蹦床、沙坑，还有一些其他的简单的无动力游乐设备，占地面积不超过 1 000 平方米。

这是入门之后的第一个板块，比较受小朋友喜欢，散客可以自由玩耍，团队客户在自由活动时间也能用到这个板块。

七彩滑草场和溜索位置

七彩滑草场实景

滑草和溜索,都是利用山体的坡度做的,属于刺激程度更强的项目,经常被安排到团队活动中。

利用地形来做项目,一来比较省钱,二来有特色,第三是不容易被轻易模仿,值得学习。

溜索实景图

射箭位置

射箭实景

体验射箭的亲子家庭

射箭,占地约60平方米,位于草坪上,属于儿童户外项目。

CS 野战位置

CS 野战区更适合成人和偏大的孩子，位于果林下边，果林提供了很好的野战环境，农业生产和休闲娱乐两不误。

CS 野战区是一个独立的收费项目，6 人成团，68 元/人。

CS 野战入口处

CS 野战战场实景 1

CS 野战战场实景 2

活动草坪位置

活动草坪航拍图

做活动的亲子团队

活动草坪实景

活动草坪共 3 500 平方米，共 4 小块，铺的草皮，还有一个可拍照的背景板。

很多户外的亲子活动都是在这里进行，如撕名牌大战、罗马炮、趣味毛毛虫、打水枪、珠行万里、攻防箭、滚轮胎、拔河比赛、皮皮拼拼乐、跋山涉水、星球大战、趣味两人三足等，都是一些只需要借助简单的道具就可进行的户外亲子活动。

草坪是一个使用频率最高的部分，因为换一个道具就是一个新项目，而且承载量大，不像之前的蹦床、滑草、溜索、CS 野战等都是一个场地一个项目，这再一次说明：草坪是亲子农庄的标配。

葡萄大棚+室内活动区

大棚航拍图

大棚实景

大棚内的葡萄

葡萄架下是活动区

　　葡萄大棚有两个，总占地面积约 2 000 平方米。除了种植葡萄，葡萄架下的空间可以用来做室内活动场地，如磨豆浆、室内桌球、造纸等。

　　农用地做旅游或教育，土地指标是个问题，这样"擦边不出圈"的做法，一来可以解决指标的问题，二来也帮你控制了过度投资，还提高了效率。

主会场位置

主会场实景

主会场由舞台、防晒网组成,还可以配上音响设备,可用于活动的开营、分组等,本身也可以作为活动场地,占地面积约 200 平方米。

在夏季时间比较长的南方地区,这样半户外的活动场地怕是很必要。

野炊区位置

野炊区实景

野炊区就餐场景

野炊区由土灶和彩钢棚构成,彩钢棚占地面积约800平方米,有大概30个灶台。亲子团队很多选择在这里一起做饭,享受野趣。

餐厅位置

餐厅航拍图

餐厅内部

餐厅实景

餐厅可以装饰成西餐的形式,也可摆上圆桌吃围餐,最多可同时容纳300人就餐。

会议室位置

会议室航拍图

会议室占地面积约160平方米，内设投影仪、音响等设备，可供田园会议使用。

会议室内部实景

茶叶体验区

采茶

山上有一块茶园，园区把它开发成体验活动：采茶、炒茶、茶艺。

炒茶

茶艺

晒茶

七彩菜园实景

亲子团队在菜园体验农耕

茶园旁边是七彩菜园，种植了一些蔬菜，同时也是农事体验和学农教育的场地。

以上就是水云山谷的 15 个核心板块：

9 个户外板块：儿童游乐区、七彩滑草场、溜索、射箭、CS 野战、活动草坪、野炊区、茶园、七彩菜园

4 个室内板块：葡萄大棚、室内活动区、主会场、会议室

2 个配套板块：停车场、餐厅

二、主要客户群及对应产品

请大家思考 2 个问题：水云山谷 15 个板块有需要重投资的吗？但你会觉得这里没什么可玩吗？

这就是亲子家庭这个客户群的特点，孩子们需要的是有意思，而家长需要的是有意义，他们并不要求场地的高大上，而是接地气。

然而，像这样"轻资产"的场地，如果只是让散客自己玩，怕是进来一个小时就该出去了，你没啥可玩的。

所以水云山谷的市场定位应该不是日常散客，具体说来就是：亲子团客、节庆散客和学校团客（未来的主力）。下边会分别举例说明。

1. 亲子团客

这个客户群在东莞依然是主力，无论是幼儿园、亲子俱乐部、户外组织还是小学，他们都有外出旅游体验的需求。

而水云山谷的 slogan 是"只需一个电话，就可以搞定的班级定制活动"，这样，需求和产品就匹配上了，咱们以水云山谷 2018 年 2 月推出的春游活动方案为例。

活动主题： 大手牵小手，快乐亲子游

活动时间： 9:00—16:30

适合对象： 亲子家庭

活动地点： 水云山谷生态园（导航水云山谷既可）

集合时间： 农场 09:00—09:30

活动费用： 50人以内价格：150元/人，50人以上价格：128元/人（大小同价）

费用包含： 场地费、餐费、教练团队费、场地险、活动所需物资、桶装水等

具体安排：

09:00—09:30 ｜ 指定地点集合

09:30—10:30 ｜ 彩色滑草

10:30—11:30 ｜ 植物拓染

11:30—13:00 ｜ 午餐（野炊）/围餐农家菜（二选一）

13:00—14:00 ｜ 石磨豆浆

14:00—14:40 ｜ 丛林射箭

14:40—15:30 ｜ 趣味罗马炮

15:30—16:00 ｜ 星球大战

16:00—16:30 ｜ 魔法森林游玩（返程）

这样一天的活动下来，主要用到：停车场、主会场、七彩滑草、室内手工区、野炊区（或者餐饮）、射箭、草坪、儿童乐园等8个板块。农庄在软件上还提供了策划方案和带队老师。

收费标准：大小同价128元/人或150元/人，价格也反映出了东莞的消费能力，但这个价格是终端的直客价，比如幼儿园直接找上来，或者家委会的代表找上来，就需要按照这个收费标准进行。当然，如果是一些亲子俱乐部、旅行社等能持续送人过来的渠道，估计会有另一套报价，但这些渠道在组织活动中的收费标准也会参照128元/人或150元/人的标准。

这个客群所需要的产品并不复杂，对于执行带队老师的要求也并不高，硬件方面更不用说，所以，这套"需求产品"的普适性还是挺高的。

水云山谷还有一个好的方法，值得大家学习，那就是"体验项目模块化"。因为不同年龄段的孩子及家庭对产品的需求是不一样的，水云山谷做了一个可勾选的模块化方案，以2018年的秋游方案为例。

活动主题： 秋游亲子游班级游

活动时间： 09:00—16:30

地点： 水云山谷生态农业园

活动行程安排：

09:00—09:30：签到、集合

09:30—10:00：破冰游戏

10:00—11:00：活动项目选择

11:00—12:00：活动项目选择

12:00—13:30：午餐

13:30—14:30：活动项目选择

14:30—15:30：活动项目选择

15:30—16:30：活动项目选择

16:30：快乐回程

大家可以注意到，以上方案中有 5 个活动上标的是"活动项目选择"而没有直接写上具体体验项目，而客户在找上之后，可以自助选择，从下面的活动库里直接勾选：

项目列表

项目名称	游玩指数	额外收费
彩色滑草场	☆☆☆☆☆	
趣味毛毛虫	☆☆☆☆	
揪尾巴	☆☆☆☆	
打水枪	☆☆☆☆	
萝卜蹲	☆☆☆☆	
捉泥鳅	☆☆☆☆☆	
植物拓染	☆☆☆☆	
珠行万里	☆☆☆☆☆	
攻防箭	☆☆☆☆	
磨豆浆	☆☆☆☆☆	
滚轮胎	☆☆☆	
拔河比赛	☆☆☆☆☆	

(续表)

项目名称	游玩指数	额外收费
射箭体验	☆☆☆☆☆	
泡泡大战	☆☆☆☆☆	✓
皮皮拼拼乐	☆☆☆☆	
撕名牌大战	☆☆☆☆	
木匠绘画	☆☆☆☆	
溜索	☆☆☆☆	
CS 野战	☆☆☆☆	✓
跋山涉水	☆☆☆☆	
星球大战	☆☆☆☆	
做香囊	☆☆☆☆	
趣味两人三足	☆☆☆☆	
罗马炮战	☆☆☆☆☆	
采茶炒茶	☆☆☆☆☆	✓
古法造纸	☆☆☆☆☆	✓
背夹球	☆☆☆☆	
凌波微步	☆☆☆☆	
选择 5 项就可以充实玩一天		

这样菜单式活动定制方式有很多好处，它更符合家长及孩子的需求，还降低了客户参与方案设计的门槛，对农场而言还提高了营销人员的工作效率。

以上是一个活动方案，水云山谷还在不同的季节推出不同的方案模板，如 2 月推出春游方案；6 月推出毕业季方案；9 月推出秋游方案。这些都是客户最重要的出行场景。

2. 节庆散客

每年都会有这么几个时间节点：团队客户不出来但散客出来，例如，中秋节、国庆节等。

水云山谷会利用这些节点策划一些节庆活动，对散客开放并收取门票，以 2018 年国庆活动"泡泡酷跑闯关嘉年华"为例。

整个活动是一条闯关线路，一路设有环环相扣的 10 个闯关游戏，一家人需齐心协力完成任务，每完成一个关卡，就会获得一个盖章。

第一关：敏捷关——真人打地鼠

这个闯关是挑战孩子们的敏捷反应能力的！农场会安排一位老师扮演农场主的角色，小朋友们化身小地鼠"偷取"物品，当农场主用充气的小锤子打中小地鼠，小地鼠必须缩进洞里，等待下次机会！从农场主手中抢到3种物品即闯关成功啦！

第二关：灵巧关——穿越火线

小朋友从布满陷阱的红线中穿越过去，小心！不要碰到报警铃铛，碰到的小朋友就要从头开始啦！顺利通过即闯关成功！

第三关：耐力关——恐龙酷跑

亲子同上阵，穿上准备好的特殊服装！这项活动不比赛谁跑得快，考验的更多是爸爸妈妈陪伴孩子慢慢来、慢慢跑，看起来很厉害的恐龙，跑起来不见得是最快的。

第四关：默契关——亲子套圈圈

这项活动只考验小朋友跟爸爸妈妈之间的默契，孩子来负责丢圈圈。爸爸或妈妈将手举起来，负责来接圈圈，成功套入 3 个圈圈闯关成功。

第五关：灵犀关——蔬果猜猜猜

猜的是农场最常见的各类蔬果！

第六关：勇气关——指压板大挑战

让大小朋友一同体验指压板！让爸爸/妈妈背着孩子走过指压板，顺利走过去就闯关成功！或者孩子单独走过也算成功。

第七关：技巧关——趣味推推乐

农场将冰壶比赛改良成亲子趣味活动，挑战的是大小朋友的技巧与臂力控制！

第八关：技术关——足球小将

农场将足球的元素加入这次闯关挑战当中，爸爸/妈妈作为守门员，小朋友只要将球踢入球框，闯关成功！

第九关：沉稳关——趣味投壶

第十关：信任关——挑战极限

爸爸拉住孩子的手，顶住孩子的脚，在身体不碰到线内地面的情况下，孩子能够拿到任务物品，则挑战成功！

活动时间： 10月1—3日 09：00—12：00 14：00—17：30

活动地点： 东莞佛灵湖旁水云山谷

活动对象： 3岁以上亲子家庭

门票费用： 48元/张（大小入场均需要凭门票，3岁以下的孩子免门票）

这样的活动适合所有具备活动场地的项目，不需要额外投入过多的硬件设施。

因为水云山谷平时以接团客为主，所以在团客不出来的国庆等节点，农场和员工处于闲置状态，此时策划一些简单的收门票的产品算是资源的合理利用了。

家长不用太过费心，就有这么好的场地和团队设计好的活动让亲子家庭去放松，也是一件很快乐的事。

这样的活动，水云山谷每年会做个2~3次。而这带来的不仅是新的散客，还有团队订单，后边会详细讲到。

3.学校团客的校外社会实践课程（未来的主力）

国家对中小学校外实践课的推动，各地教育系统都在逐步的落实，教育局在评选基地、制定规则，学校会根据规则积极配合，而承办基地也在积极按要求准备课程体系和硬件建设。

这个案例截稿之前，也就是 2019 年 1 月，水云山谷被认定为"东莞市中小学社会实践基地"，全市一共认定了七家。其中，水云山谷可承担"科技教育、纪律教育、艺术教育、安全教育、劳动教育、环境教育、拓展训练、传统教育"等方案的社会实践。因为还没看到具体的实践案例，这里就不举例了，不过，这是一个非常大的市场，按 9% 算中小学生在校人数的话，东莞最少有中小学生 70 万人，因为具体的执行细节没有拿到，通常按每月一次实践的话，每年有最少有 700 万次出行需求，所以，我这里大胆猜想，这可能是水云山谷未来的主力客户群。

这个客户群还有一个好处，体制内的学校一般会选择周一到周五出行，而这个时间是农场最闲的时间段，正好和亲子客群互补。这样一来，农场在工作日接学校，在周末接亲子团队，在节假日接节庆散客，场地和人员的利用率提高不少。

对于全国其他地区来说，这个政策的落地是迟早的事，所以要尽早准备，尽早布局。政策没到之前可以只做亲子客群，同时为学校客群积累团队和打磨课程体系。

接这样的客户群，硬件和课程体系的搭建是一方面，还要积极配合教育部门，争取拿到牌子，只有拿到牌子才可能成为采购对象，主管部门是教育局，要勤跑几次。

	人均客单价	时长	出行规律	消费频率
亲子团客	100～200 元	1 天	周末	每年 2 次
节庆散客	100 元以内	1 天	节假日	每年 3 次
学校校外实践	100 元左右	1 天	工作日	每年 10 次

产品矩阵图

三、总结

水云山谷的三个产品是三个流量入口。其中，幼儿园组织学生来你这玩过之后，关注了农场的公众号，当你有大型节庆活动的时候自驾过来参与，这样亲子团客就转化成了农场的散客；而节庆散客中有一部分是来自外部渠道的新散客，他们中间有可能有幼儿园老师、某户外组织负责人、某家委会负责人等，这些人虽然第一次是带自己孩子以散客形式来的，但他体验了项目，了解了基地，时机到了很有可能带着团就来了，这是散客成了团客；学校的社会实践是一个相对独

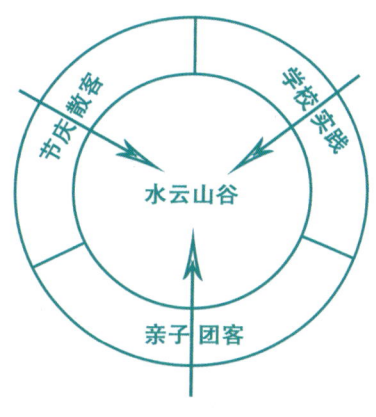

水云山谷流量模型图

立的产品和流量,但无疑在农产品、节庆的散客上形成加持。**三个产品同时也是三个流量入口,他们之间相互转化,让水云山谷的客户池越来越大,这就是它的流量模型。**

水云山谷是亲子农场,这个定位还是比较准的。首先,东莞和深圳的市场够大,而亲子农场投资相对较小,这样大的市场能养活这类项目;其次,精准定位和专业化的服务成为水云山谷在精品中的竞争力;最后,这样的定位帮农场成为中小学校的社会实践基地,如果不是聚焦亲子、如果不是前边亲子客群的接待过程中对团队的打磨、对场地的优化以及对课程的积累,怎么能顺利成为中小学社会实践基地呢?

所以,在大市场里要聚焦,聚焦就有优势,聚焦得到的更多。

实地考察水云山谷时,用航拍器拍了几分钟的视频,便于你更直观的了解项目。关注公众号:农未来,直接回复关键词:水云山谷,就可以看到这个视频了。

后　记

　　取其精华去其糟粕。本套书中的每个案例虽各有各的亮点，但没有一个是完美的，所以，我们要汲取的是他们的亮点，而不是一味地照搬。我特别有感触，这套书写了有 1 年多，在截稿的时候，有些项目已经发生较大变化了，有的运营数据更好了，有的却遇到新的问题，甚至还有因为政策问题被拆平的。所以，这套书的重点并不是预测未来，而是总结过去。

　　知道容易运用难。看多了杀猪，虽然杀猪的流程烂熟于心，但能不能拿刀准确地捅进去就不一定了。虽然我们了解了很多项目，也知道了他们很多背后的逻辑，但运用的时候还是会遇到各种各样的问题。所以，理论到实践之间是有距离的，这个距离就是"运用"。

　　时代变革已经至，拥抱变化才不会被抛弃。所谓 30 年河东，30 年河西，对于农业来说，1979—2018 年，这 40 年是一个阶段，以市场经济为主，农业让路工业，农村让路城市。而 2019 年之后又是一个阶段，很可能是一个兼顾公平的更加规范的市场经济阶段，工业反哺农业，城市反哺农村。只有顺应时代，拥抱变化，才不会被抛弃。

　　这 30 个项目更多的是独立项目存在，而未来很可能是依赖于一个平台，可能是美丽乡村项目，也可能是其他的乡村振兴项目。这 30 个项目就像积木一样，木块还是那些木块，只是框架变了，我们要做的是在新形势下搭建属于这个时代的城堡。

作者：李　涛